Friedland
Schwielochsee
Straupitz
Burg
Dissen
Teichland
Spree
Cottbus
Bad Muskau

Steffi Bieber-Geske / Nicole Grom

ABENTEUER IM SPREEWALD

Lilly und Nikolas und das geheimnisvolle Tagebuch

Mit Illustrationen von Claudia Meinicke

Biber & Butzemann

MIX
Papier aus verantwortungsvollen Quellen
FSC® C127349
www.fsc.org

Die schönsten Ausflugsziele im Spreewald:

oder unter
www.biber-butzemann.de/reisetipps

Besuchen Sie uns im Internet unter **www.biber-butzemann.de** oder auf Facebook unter **www.facebook.com/biberundbutzemann**

Geschwister-Scholl-Str. 7
15566 Schöneiche

1. Auflage, März 2019

Bibliografische Information der Deutschen Bibliothek
Die Deutsche Bibliothek verzeichnet diese Publikation in der Deutschen Nationalbibliografie; detaillierte bibliografische Daten sind im Internet unter http://dnb.ddb.de abrufbar.

Text: Steffi Bieber-Geske und Nicole Grom (Juros Tagebuch)
Illustrationen: Claudia Meinicke
Layout und Satz: Mike Hopf
Lektorat: Martina Bieber, Juliane Jacobsen, Kati Bieber
Lektoratsassistenz: Lena Diewald, Carola Jürchott, Bernd Pittkunings, Roswitha Winter
Korrektorat: Peggy Büttner
Druck- und Bindearbeiten: TZG Zapolex Sp. z o.o. Polen
ISBN: 978-3-95916-050-6

INHALTSVERZEICHNIS

1.

EIN ÜBERRASCHENDES GESCHENK

„Wollt ihr uns veräppeln?!" Kopfschüttelnd saß Nikolas unter dem Weihnachtsbaum und starrte fassungslos auf das Paket, das er gerade ausgepackt hatte. Darin lagen sechs bunte Eier.

„Nein", sagte Opa und grinste. „Wir dachten nur, ihr habt genug Spielzeug. Darum wollten wir euch diesmal etwas anderes schenken – nämlich unvergessliche Osterferien. Auch wenn du es dir vielleicht nicht vorstellen kannst, in nicht einmal vier Monaten ist schon wieder Ostern. Dann könnt ihr diese Eier öffnen und findet in jedem einen ganz besonderen Ausflug."

„Wo fahren wir denn hin?", wollte Lilly, Nikolas' kleine Schwester, aufgeregt wissen. Sie liebte es, mit der Familie auf Abenteuerreise zu gehen.

„In den Spreewald", antwortete Mama. „Da müssen wir nicht so weit fahren und können trotzdem die tollsten Dinge erleben. Ich bin gespannt, was Oma und Opa für uns vorbereitet haben."

Nun begann auch Nikolas, sich über das merkwürdige Geschenk zu freuen. Er wusste, dass Oma und Opa immer ziemlich gute Ideen hatten. Sie sahen das schon richtig – sein

Zimmer quoll tatsächlich über vor Spielzeug. Und da Mama und Papa ihm das lang ersehnte Lego-„Star Wars"-Set geschenkt hatten, war er völlig zufrieden. Nikolas konnte die Osterferien kaum erwarten – er wollte zu gern wissen, was sich in den Eiern versteckte.

Drei Monate später saßen Lilly, Nikolas und Mama an einem sonnigen Nachmittag auf der Terrasse. Es war der erste richtig schöne Frühlingstag und sie hatten es sich nach der Schule draußen mit einem Eis gemütlich gemacht: Schoko-Vanille-Erdbeere und Fürst-Pückler-Rolle. „Wer ist eigentlich dieser Fürst Pückler?", überlegte Lilly.
„Hermann Fürst von Pückler-Muskau lebte vor rund 170 Jahren in Sachsen und Preußen. Er war eine ziemlich schillernde Gestalt. Er plante wunderschöne Parks, war ein bekannter Schriftsteller und Weltreisender. Er ging mit den schönsten Frauen aus und kannte so ziemlich jeden von Rang und Namen. Heute hätte er vermutlich einen eigenen YouTube-Kanal und hunderttausende Facebook- und Instagram-Fans. Wir sehen uns in den Osterferien eines seiner Schlösser an. Den Park hat er natürlich auch selbst gestaltet."
„Wann sind denn endlich Osterferien?", wollte Nikolas wissen.
„In einer Woche", sagte Mama.
„Ein Glück!", seufzte Nikolas. „Ich brauch' ganz dringend eine Pause. Außerdem will ich endlich wissen, was Oma und Opa sich für uns ausgedacht haben."

2.

Badespaß mit Pinguinen

Endlich begannen die Osterferien. Zwei Wochen Freiheit lagen vor ihnen. Lilly und Nikolas gingen gern zur Schule, aber noch viel lieber reisten sie mit ihren Eltern durch Deutschland. Und obwohl der Spreewald gar nicht weit von ihrer Heimatstadt Berlin entfernt lag, waren sie noch nie dort gewesen.

Am Abend des letzten Schultags hatte die Familie alles gepackt, um am nächsten Morgen gleich nach dem Frühstück losfahren zu können. Weil sie ihr Ferienhaus erst am Nachmittag beziehen konnten, wollten sie gleich mit dem ersten Ausflug starten. Nikolas überließ es großzügig seiner kleinen Schwester, das erste Ei zu öffnen. Die ganze Familie blickte gespannt auf Lilly, die vorsichtig eine kleine Figur und eine Karte aus dem Ei zog. „Ein Pinguin“, jauchzte sie.

„Was steht da auf der Karte?“, wollte Nikolas wissen und schnappte sie sich. „Eine Familienkarte für die ‚Spreewelten‘“, las er vor.

„Oh, das wird euch gefallen!“ Mama lächelte. „Die ‚Spreewelten‘ sind ein tolles Erlebnisschwimmbad in Lübbenau.“

„Aber was hat das mit dem Pinguin zu tun?“, fragte Lilly.

„Dort leben etwa 20 Humboldt-Pinguine auf dem Gelände der Therme. Sie sind nur durch eine Glasscheibe vom Außenbecken getrennt, man kann also direkt neben ihnen schwimmen.“

Lilly bekam große Augen. Sie liebte Pinguine.

„Lasst uns losfahren!“, rief sie, sprang vom Frühstückstisch auf und räumte das Essen in den Kühlschrank.
Mama und Papa lachten, begannen aber sofort, den Geschirrspüler einzuräumen und das Kurzprogramm einzuschalten, um die Abfahrt zu beschleunigen. Die Badetasche stand mit den Koffern und Rucksäcken schon fertig gepackt im Kofferraum, sodass sie kurze Zeit später bereit zum Aufbruch waren.
Im Auto überlegten Lilly und Nikolas, ob den Pinguinen im deutschen Sommer nicht viel zu warm war.
„Im Gegenteil“, erzählte Papa. „Humboldt-Pinguine leben an der Pazifik-Küste Südamerikas. Von den weltweit 17 Pinguin-Arten leben nur sechs in der kalten Antarktis, alle anderen in den Tropen. Die Tiere in den ‚Spreewelten‘ halten sich daher nur von Frühling bis Herbst in der Außenanlage auf. Im Winter verlassen sie ihre beheizten Höhlen nur selten.“
Eineinhalb Stunden später erreichte die Familie das Schwimmbad. Lilly und Nikolas zogen sich so schnell um wie nie zuvor. Dummerweise bestanden Mama und Papa darauf, dass sie zuerst duschten, weil das in allen Schwimmbädern Pflicht war. Dann konnten sie endlich zum Wellenbecken flitzen. Vorbei am Strömungskanal schwammen sie Richtung Außenbecken. Und da waren sie: Einige der Pinguine

standen gemütlich zwischen Steinen in der Sonne, andere schossen durchs Wasser. In dem langen Schwimmtunnel, der die beiden Teile des Außengeheges verband, konnten sie richtig Gas geben und erreichten dabei bis zu 25 Stundenkilometer.

Die Kinder drückten sich die Nasen an der Scheibe platt. Nur wenige Zentimeter trennten sie von den Vögeln – sie konnten jede Einzelheit erkennen. „Man sieht richtig, dass ihr Federkleid superdicht und wasserabweisend ist", staunte Nikolas.

Beim Schwimmen zogen die Pinguine hunderte glitzernder Luftblasen hinter sich her. „Mama, warum pupsen die Pinguine die ganze Zeit?", wollte Lilly wissen.

Mama lachte. „Sie pupsen nicht, das sind Luftblasen, die sich aus dem Gefieder lösen." Die Kinder konnten sich an den Pinguinen gar nicht sattsehen. Was für ein wunderbares Gefühl das war, direkt neben ihnen zu schwimmen! „Ich weiß ja nicht, wie es euch geht, aber mir wird

langsam kalt“, bibberte Mama. „Lasst uns erst mal reinschwimmen. Wir kommen nachher zur Fütterung wieder raus.“

Auch wenn sie es nie zugegeben hätten, begannen Lilly und Nikolas ebenfalls zu frieren und folgten Mama und Papa darum gerne in das Solebad „Spreewald 360 Grad“. Hier war das Wasser fast badewannenwarm, sah flaschengrün aus und hatte einen hohen Salzgehalt, was sehr gesund sein sollte. An den Wänden sorgte ein Landschaftspanorama dafür, dass man sich fühlte, als würde man auf der Spree entlangtreiben – nur dass die natürlich nie so warm war.

„Ist das schön“, seufzte Mama zufrieden. Am liebsten hätte sie den Rest des Tages in diesem Becken verbracht, aber Lilly und Nikolas war das zu langweilig – sie wollten lieber die interaktiven Rutschen ausprobieren. Die waren nicht nur rund 100 Meter lang, sondern auch absolut außergewöhnlich, denn Musik, Licht, Geschwindigkeit und Effekte konnten die Besucher selbst aussuchen und über den

Rutschenkonfigurator vom Handy aus programmieren. „Supercool!", waren sich Lilly und Nikolas einig. Ein Lautsprechersignal verkündete, dass im Wellenbad nun wieder die Superwellen beginnen würden. Lilly und Nikolas hatten Glück und konnten einen der riesigen Reifen ergattern. Es war gar nicht so einfach, das glitschige Ding zu erklimmen. Immer wieder plumpste einer von ihnen herunter, aber irgendwann hatten sie es geschafft. Beide Kinder saßen lachend auf dem Reifen und ließen sich von den Wellen hin und her schaukeln. Was für ein Spaß!
Anschließend ließen sie sich noch eine Weile durch den Strömungskanal im Kreis treiben, bis Mama und Papa zum Mittagessen riefen. Lilly und Nikolas entschieden sich für die Pinguin-Box mit Pommes, Chicken Nuggets und Saft. Außerdem gab es ein kleines Spielzeug dazu. Mama aß lieber eine Ofenkartoffel, Papa einen Burger. Nach dem Essen gönnten sich die Eltern noch einen Kaffee, während Lilly und Nikolas den Trockenspielplatz ausprobierten, der aus mehreren riesigen Holzfässern bestand.
Dann war es endlich so weit: Die Pinguinfütterung um 15.30 Uhr begann. Die Besucher eilten nach draußen und drängten sich an der Scheibe zum Pinguingehege. Die Tierpflegerin berichtete den Gästen viel Interessantes über das Leben und die Eigenarten der Tiere. Lilly und Nikolas erfuhren, wie die Baby-Pinguine in den Bruthöhlen aufgezogen wurden, woran man die Jungtiere erkannte, was die Vögel gern aßen, wie sie hießen und wie die Tierpfleger sie unterscheiden konnten.
Außerdem stellte sie die beiden Patagonischen Schopfenten und die Störe vor, die ebenfalls in dem riesigen Gehege lebten. Die Pinguine scharten sich derweil um die junge Frau und schnappten nach den

kleinen Fischen, die sie ihnen hinhielt. Ab und zu warf sie auch welche ins Wasser, und die Pinguine schossen pfeilschnell hinterher. In den Fischen waren Vitamin- und Mineralstofftabletten versteckt, die dafür sorgten, dass die Pinguine gesund blieben.

Nach der Pinguinfütterung sahen sie den Tieren noch eine Weile zu, dann wünschten sich Mama und Papa einen Besuch im Saunadorf. Lilly und Nikolas waren nach dem tollen Erlebnis in großzügiger Stimmung. Sie erklärten sich bereit mitzugehen und sich anständig zu benehmen. Das fiel ihnen auch gar nicht schwer, denn es gab außergewöhnliche Saunen wie den Salzstollen, die Spreewälder Waschküche oder die Gurkensauna. Zum Abkühlen gingen sie in den Eisstollen und die Pinguinkammer. Mit einem Buch ließ Nikolas sich zwischendurch auf eine der bequemen Liegen plumpsen. „So lässt es sich aushalten", murmelte er. Lilly schnappte sich eine Kinderzeitschrift. Nach einer Weile sprang sie wieder auf. „Los, komm!", rief sie ihrem Bruder zu und gemeinsam planschten sie im Whirlpool und im Solebecken.

Inzwischen war es Abend geworden. Mama gähnte und mahnte zum Aufbruch. „Och nö, ich will noch nicht losfahren", quengelte Lilly. Dann gähnte auch sie.

Papa lachte. „Komm Prinzessin, deine Erbse wartet auf dich!", witzelte er und legte ihr den Arm um die Schulter.

Zum Glück brauchten sie mit dem Auto nicht lange bis zum Ferienhaus. Es sah alt, aber sehr gemütlich aus. Der Schlüssel lag wie vereinbart unter der Fußmatte. Für eine Besichtigung waren Lilly und Nikolas heute aber einfach zu müde. Sie putzten sich nur noch schnell die Zähne und fielen dann müde ins Bett.

3.

Ein unerwarteter Fund

Am nächsten Morgen kitzelten die Sonnenstrahlen Lilly wach. Sie blickte aus dem Fenster und riss erstaunt die Augen auf. Das Haus war von einem verwunschenen Garten umgeben! Hinten gab es sogar einen schmalen Wasserlauf. Sträucher und Bäume blühten mit Blumen in allen Farben um die Wette. Am anderen Ufer leuchtete der Wald in den unterschiedlichsten Grüntönen. Ein Reiher saß am Wasser. Es war, als wären sie in einer anderen Welt gelandet. Lilly öffnete das Fenster, und ein vielstimmiger Vogelchor ertönte.

„Nikolas, das musst du dir ansehen!", rief Lilly begeistert. Ihr Bruder zog sich brummend die Decke über den Kopf. „Mach das Fenster wieder zu, diese Vögel sind ja lauter als der Bus bei uns zu Hause!"

In diesem Moment klopfte es an der Tür. Mama und Papa waren schon fertig angezogen. „Wir fahren kurz mit dem Fahrrad zum Hofladen im Nachbardorf und holen frische Brötchen, Milch und Joghurt", verkündete Mama. „Bis gleich!" Und weg waren sie.

„Manometer!", knurrte Nikolas. „Kann man jetzt nicht mal mehr in den Ferien ausschlafen?!" Dann zog er sich murrend an. Den Blick aus dem Fenster kommentierte er nur mit einem „Ja, ganz schön hier".

Doch dann siegte die Neugier über seine Morgenmuffeligkeit. Er wollte nachsehen, wo sie gelandet waren, und ging auf Entdeckertour.

Das Ferienhaus war überwiegend mit alten Holzmöbeln eingerichtet. Es gab sogar einen antiken Kachelofen. Ja, hier konnte man es die nächsten zehn Tage gut aushalten. Als Nikolas wieder in die erste Etage, in der die beiden Schlafzimmer und das Bad mit den schrägen Wänden lagen, zurückkehrte, traf er Lilly. Sie stand im Flur und blickte zur Decke. Dort war eine Klappe erkennbar. „Ich würde zu gerne wissen, was da oben ist“, murmelte sie.

„Und ich erst!“ Suchend sah sich Nikolas um und entdeckte in der Ecke eine lange Stange mit einem Haken. Der würde vermutlich genau in die Schlaufe passen, die oben an der Klappe befestigt war.

„Wenn man da nicht hochdürfte, würde die doch hier nicht stehen, oder?“, meinte Nikolas. Lilly nickte. Vorsichtig steckte Nikolas den Haken durch die Schlaufe und zog am Stab. Nichts passierte. Er zog kräftiger. Ein Knarren erklang, doch es bewegte sich nichts. Erst, als die Kinder gemeinsam zogen, öffnete sich die Klappe, und eine Holztreppe schob sich nach unten. Schnell zogen die Geschwister die Köpfe ein. Vorsichtig und mit klopfenden Herzen stiegen die beiden die Treppe hinauf.

Der Raum, den sie jetzt betraten, war so niedrig, dass sie sich ein wenig ducken mussten. Nur die oberste Dachspitze wurde als Speicher genutzt. Das eigentliche Dachgeschoss war die erste Etage, in der sich ihre Schlafzimmer befanden. Offenbar hatte seit Jahren niemand mehr diesen Speicher betreten. Eine zentimeterdicke Staubschicht lag über Kisten und alten Koffern. In den Ecken hingen Spinnweben.

Vorsichtig warfen die Kinder einen Blick in einige der Kartons. In einem befanden sich alte Bücher, in einem anderen stapelte sich Kleidung. *Schade*, dachte Lilly, *Mama und Papa erlauben uns bestimmt nicht, in den Sachen hier herumzukramen*. Dann musste sie heftig niesen. „Lass uns wieder runtergehen und schnell den Staub von unseren Klamotten klopfen, bevor Mama und Papa wiederkommen“, sagte sie.

„Okay“, meinte Nikolas und richtete sich auf. Dabei übersah er den Dachbalken, der sich direkt über ihm befand. „Au!“ Nikolas taumelte und stolperte vor Schreck fast über einen alten Koffer. Im selben Moment fiel ein Buch von dem Balken. Das würde eine ordentliche Beule geben.

Nikolas schnappte sich schnell das Buch, bevor er seiner Schwester etwas benommen die Treppe hinunter folgte und ihr dabei half, die Klappe wieder zu schließen.

Unten öffnete sich die Küchentür, und Mama rief fröhlich: „Frühstück auf der Terrasse!"

„Wir kommen!", rief Nikolas die Treppe hinunter. Während er schnell das Buch unter seinem Bett versteckte, zog Lilly leise den Stab aus der Schlaufe und stellte ihn wieder in die Ecke. „Geht's dir gut?", fragte sie ihren Bruder besorgt.

„Geht schon wieder, danke."

Das köstliche Frühstück im Sonnenschein vertrieb dann auch die leichten Kopfschmerzen. Milch, Butter und Joghurt stammten aus einer Molkerei im Spreewald, die Brötchen waren heute Morgen frisch im Nachbardorf gebacken worden. Mama war ganz begeistert von dem kleinen Hofladen und hatte beschlossen, jeden Morgen dorthin zu radeln.

Nach dem Essen durfte Nikolas das zweite Überraschungs-Ei von Oma und Opa öffnen. Er fand ein winziges Fahrrad darin, die Adresse der Holländerwindmühle in Straupitz und 30 Euro fürs Mittagessen. „Okay, dann heute also eine Fahrradtour", sagte Papa. „Aber vorher würde ich gern ein bisschen paddeln. Im Garten liegen zwei Kanus, und das Wetter ist so herrlich heute."

Damit waren Lilly und Nikolas sofort einverstanden. Sie gingen hoch in ihr Zimmer, um ihre Jacken zu holen. Nikolas nutzte die Chance, Lilly seinen Fund zu zeigen. „Schau mal, was mir vom Balken direkt auf den Kopf gefallen ist!", raunte er und zog das ledergebundene Buch hervor. Vorsichtig entfernte Lilly mit einem Taschentuch die Staubschicht. Dann

schlug sie die erste Seite auf. Das Buch war handgeschrieben, Lilly konnte es nicht lesen. Auch Nikolas warf einen ratlosen Blick auf das vergilbte Papier. Auf vielen Seiten war die Schrift nur noch als schwacher Schatten zu erkennen. Dann fiel Nikolas ein, dass sie in einem Schulmuseum mal etwas von der deutschen Schreibschrift gehört und ein paar Buchstaben auf eine Tafel geschrieben hatten. Das war ganz schön schwierig gewesen. Nikolas schnappte sich sein Handy und gab „deutsche Schreibschrift“ bei Google ein. Schnell fand er eine Übersicht der Buchstaben von damals und heute. Es war sehr mühsam, aber nach und nach entzifferten Lilly und er die erste Seite:

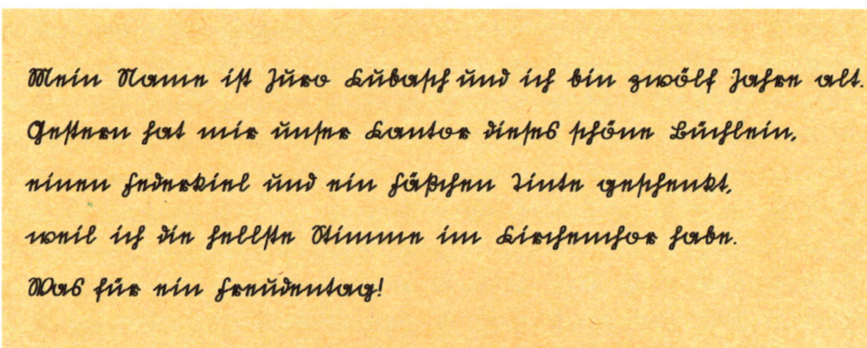
Mein Name ist Juro Kubasch und ich bin zwölf Jahre alt.
Gestern hat mir unser Kantor dieses schöne Büchlein,
einen Federkiel und ein Fässchen Tinte geschenkt,
weil ich die hellste Stimme im Kirchenchor habe.
Was für ein Freudentag!

Mein Name ist Juro Kubasch, und ich bin zwölf Jahre alt. Gestern hat mir unser Kantor dieses schöne Büchlein, einen Federkiel und ein Fässchen Tinte geschenkt, weil ich die hellste Stimme im Kirchenchor habe. Was für ein Freudentag!
Starka, meine liebe Großmutter, hat mir vorgeschlagen, ein Tagebuch zu führen und jeden Tag von meinen Erlebnissen zu berichten. Sie schärfte mir ein, genau zu notieren, wie wir Wenden leben und arbeiten.

Seit ihrer Jugend sind so viele alte Bräuche und Geschichten verloren gegangen, klagte sie neulich ganz traurig. Deshalb soll ich alles genau beobachten und aufschreiben, was in unserer Wassermühle so passiert. So beginne ich dieses Büchlein mit dem 23. Augusti anno 1852.

In diesem Moment rief Mama von unten: „Wo bleibt ihr denn? Wenn ihr nicht bald kommt, können wir vor der Radtour doch nicht mehr paddeln!"

Schnell schob Lilly das Buch unters Bett, schnappte sich ihre Jacke und flitzte, dicht gefolgt von Nikolas, die Treppe hinunter.

4.

MIT DEM KANU DURCH DEN DSCHUNGEL

Im Garten waren Mama und Papa gerade dabei, das zweite Kanu ins Wasser zu schieben. „Na los, ihr Bummelliesen!", rief Papa ihnen entgegen. „Rein mit euch!"

Das sagte er so einfach! Es war gar nicht so leicht, in ein wackeliges Boot zu klettern, ohne es direkt zum Kentern zu bringen. Doch schließlich waren alle an Bord. Lilly teilte sich ein Kanu mit Papa, Nikolas mit Mama.

Vorsichtig tauchten sie die Paddel ins Wasser, abwechselnd links und rechts. Das spritzte ordentlich, aber so richtig voran kamen sie nicht. Mama und Papa hatten zuletzt in ihrer Jugend gepaddelt, die Kinder noch nie. Darum brauchten sie eine Weile, bis sie den Dreh so einigermaßen raushatten. Aber dann machte es richtig Spaß.

Ein großes Boot mit mindestens zwölf Menschen kam ihnen entgegen. Gesteuert wurde es von einem Mann mit Hut, der sich mit einem dicken Stab vom Boden abstieß und das Boot so vorantrieb. Puh, musste das anstrengend sein! „Ein typischer Spreewaldkahn", sagte Mama leise zu Nikolas. „Heute werden vor allem die Touristen damit spazieren gefahren, aber früher war er in vielen Gegenden das einzige Fortbewegungs- und Transportmittel. Im denkmalgeschützten Dorf Lehde bringt in den Sommermonaten auch heute noch der Postkahn 65 Haushalten ihre Briefe und Pakete. Wenn ihr wollt, können wir auch mal mit einem Spreewaldkahn mitfahren, aber da muss man eine ganze Weile stillsitzen, darum dachten wir, selbst paddeln gefällt euch besser."

„Da hast du wie meistens ziemlich recht, liebe Mama." Nikolas grinste. Sie kamen an eine Abzweigung und fuhren spontan nach links. Hier war die Landschaft noch wilder und völlig menschenleer. Lilly und Nikolas

fühlten sich, als würden sie durch einen einsamen Dschungel gleiten. Vorsichtig umfuhren sie einen umgestürzten Baum.
Wasserläufer flitzten über das Wasser, Libellen schwebten durch die Luft, und am Ufer flatterten wunderschöne Schmetterlinge. Um sie besser beobachten zu können, ließen sie sich ein Stück treiben.
„Im Spreewald leben fast 1.000 Arten, einige gibt es weltweit nur hier", erklärte Papa. „Überhaupt hat der Spreewald eine einzigartige Tier- und Pflanzenwelt. Hier leben viele bedrohte Arten, die anderswo längst ausgestorben sind."
„Gibt's hier auch Fische?" Nikolas spähte ins Wasser.
„Ja, jede Menge. Plötzen, Flussbarsche, Zander, Hechte, Aale und viele mehr", sagte Papa. „Es gibt aber auch Muscheln, Wasserschnecken und kleine Krebse."
„Da!", rief Lilly in diesem Moment aufgeregt. Etwas Grauglänzendes schlängelte sich am Ufer entlang, kroch über ein Seerosenblatt und ließ sich schließlich ins Wasser gleiten.
„Eine Ringelnatter. Sie gilt als Schutzpatronin der Spreewaldbewohner", wusste Papa. „Wir müssen langsam wieder zurückfahren. Und wenn wir dabei leise sind, sehen wir vielleicht einen Eisvogel oder sogar einen Fischotter. Die leben nämlich auch hier."

5.

DIE STRAUPITZER MÜHLE

Einen Fischotter erspähten Lilly und Nikolas zwar auf dem Rückweg nicht, dafür entdeckten sie beim Anlegen zwei gekreuzte Holzschlangen am Giebel des Ferienhauses. „Sie sollen das Haus beschützen“, sagte Papa. „Zieht euch schnell etwas Trockenes an, dann fahren wir mit dem Fahrrad zur Mühle.“

Kurz darauf radelte die Familie an Feldern und Wiesen vorbei nach Straupitz. Die Windmühle sahen sie schon von Weitem. „Diese Mühle ist etwas ganz Besonderes“, erzählte Mama. „Mithilfe des Windes können hier Baumstämme gesägt und Leinöl gepresst werden. Einmal im Jahr – zum Deutschen Mühlentag am Pfingstmontag – wird auch noch Korn gemahlen.“

„Also drei Mühlen in einer", staunte Nikolas, „das müssen wir uns unbedingt genauer ansehen."

„Ja, das ist wirklich einzigartig. Aber erst mal essen wir, okay? Ich hab von der vielen Bewegung an der frischen Luft einen Bärenhunger", sagte Papa.

Im alten Mühlenhaus war ein kleines Restaurant mit Shop untergebracht, aber die Familie setzte sich lieber unter die großen Sonnenschirme auf der Terrasse. Die Spezialität des Hauses waren – wie vielerorts im Spreewald – Pellkartoffeln mit Quark und Leinöl. Das Leinöl kam hier aus eigener Produktion. Es schmeckte allen richtig gut.

„Wusstet ihr, dass sich viele Sagen um den Spreewald ranken? Viele haben etwas Warnendes“, erzählte Papa während des Essens. „Eine warnte die Bauern davor, sich in der Mittagshitze auf den Feldern aufzuhalten, weil sonst die Mittagsfrau sie holen und mit einem Hitzschlag töten würde. Die Geschichten über den Wassermann und seine schönen Töchter, die angeblich so manchen in ihr dunkles, nasses Reich gelockt haben, erzählte man Kindern, damit sie an den Fließen – so nennt man die vielen kleinen Wasserläufe hier – vorsichtig waren. Es gibt jedoch auch Sagen über hilfreiche winzige Männlein namens Lutki, die die Menschen belohnen, die ihnen Dinge ausleihen. Besonders sympathisch finde ich aber den kleinen Glücksdrachen namens Plon, der angeblich auf Dachböden lebt. Wenn man ihn mit Kuchen oder Hirsebrei füttert, bringt er den Bewohnern Glück und Wohlstand.“

„So einen hätte ich auch gerne“, sagte Nikolas und lachte.

„Ja, mit dem würde ich sogar meine Kekse teilen“, stimmte Lilly zu.

Inzwischen hatten auch die Kinder aufgegessen. Satt und zufrieden schlossen sich die vier der nächsten Führung an. Sie erfuhren, dass die Mühle 1850 anstelle einer noch älteren hölzernen Bockwindmühle erbaut worden war. Jedoch stellten die drei Mühlengewerke nach und nach ihre Produktion ein, sodass die Mühle für einige Jahre stillstand. Glücklicherweise schlossen sich Mühlenfreunde zusammen und setzten sich für den Wiederaufbau ein.

Die Kinder und Erwachsenen lauschten fasziniert den Erklärungen, wie damals anderthalb Tonnen Getreide am Tag gemahlen wurden.

Die über 100 Jahre alten, aber voll funktionstüchtigen Gerätschaften befanden sich auf mehreren Ebenen, zu denen steile Treppen führten. Kleine Schilder verrieten den Besuchern, wozu ein Sackklopfer, eine Mehlmischmaschine oder ein Doppelsichter da waren.

Sofort mussten Lilly und Nikolas an den Dachboden ihres Ferienhauses denken. Stand in dem Tagebuch dieses Jungen nicht auch, dass er in einer Mühle gelebt hatte? Doch sie hatten keine Zeit, darüber nachzudenken, denn schon ging es weiter in die Sägemühle. Sie war ebenfalls noch voll funktionstüchtig, aber erst ab Windstärke 6, und die gab es selten im Spreewald. Inzwischen konnte die Mühle zum Glück auch über einen Elektromotor angetrieben werden. So wurden auch heute noch bis zu ein Meter dicke Stämme zersägt.

Die über 100 Jahre alte Ölmühle – die einzige original erhaltene in ganz Brandenburg – lief bereits ab Windstärke 4 mit Windkraft. Sonst war viel Körpereinsatz oder der Elektromotor nötig, um dem gerösteten Leinsamenschrot das Öl, das „Straupitzer Spreewaldgold“, abzugewinnen. Die Besucher konnten dem Müller dabei über die Schulter schauen.

Aus den ausgepressten Leinsamen machte man Leinkuchenmehl zum Backen, Panieren oder für das Frühstücksmüsli.
„Ist doch cool, wie vielseitig dieses Leinzeug ist, oder?“ Nikolas drehte sich mit strahlenden Augen zu Lilly. „Ich meine, aus der gleichen Pflanze werden Leinsamen gewonnen, man stellt Leinenstoffe, Leinwände und Dämmstoffe für Häuser daraus her. Sogar in der Autoindustrie wird die Pflanze eingesetzt. Stell dir das mal vor!“
„Ja, stimmt. Und das Öl kann man nicht nur essen, sondern auch Ölfarben daraus herstellen, das finde ich toll.“ Lilly grinste ihren Bruder an.
„Und wisst ihr, was noch cool ist?“, mischte sich Papa in das Gespräch seiner Kinder ein. „Man kann sogar Rostschutz- und Holzimprägniermittel daraus herstellen. Schon die Ritter im Mittelalter haben damit ihre Rüstungen geschützt. Die Lein-Pflanze heißt übrigens Flachs.“
Weil der Bedarf an Leinöl immer größer wurde, hatte man in Straupitz auf dem Gelände der historischen Mühle eine ganz neue Ölmühle errichtet. Die war zwar nicht für Besucher zugänglich, aber das machte nichts, denn die historische Version war viel interessanter.
Zum Abschluss ihres Besuchs nahm Mama ein Mühlenbrot zum Abendessen und ein Fläschchen Leinöl aus dem Mühlenshop mit. Dann radelte die Familie weiter ins Dorf Straupitz. Zwischen dem Schloss, in dem eine Schule untergebracht war, und der Kirche, die von einem berühmten Baumeister namens Schinkel entworfen worden war, lag der alte Kornspeicher mit seinem idyllischen Garten. Hier gab es eine kleine Ausstellung über alte Zeiten, eine Töpferei und köstlichen Kuchen. Nach dieser Stärkung war der Rückweg ein Klacks.

6.

DER PUMPHUT

Endlich waren sie wieder im Ferienhaus angekommen. „Wir gehen dann mal in unser Zimmer und lesen noch ein bisschen, ich bin richtig kaputt nach dem langen Tag", erklärte Nikolas, und seine Schwester nickte.
„Macht das, ich leg mich auch ein bisschen auf die Couch", sagte Mama und griff nach einer Zeitschrift. Papa schien noch fit zu sein. Er setzte draußen den Grill in Gang.
Gespannt eilten Lilly und Nikolas nach oben und konnten es kaum erwarten zu erfahren, was der Junge namens Juro, der vor mehr als 150 Jahren hier gelebt hatte, berichten würde.

26. Augusti 1852
Unsere Wassermühle ist schon 150 Jahre alt. Vater erzählte mir heute, dass sein Ururgroßvater von einem Vorfahren unseres Herrn Grafen die Erlaubnis zum Bau dieser Mühle erhielt.
Ich weiß, dass der jetzige Herr Graf nicht weit von hier in der Stadt Lübbenau auf seinem Schloss lebt, das von einem wunderschönen Park umgeben ist. Ich habe den Grafen aber leider noch nie gesehen. Nur seine Kutsche von hinten, neulich auf der Landstraße. Ganz rot war sie, mit unzähligen Koffern auf dem Dach! Ich wünsche mir, einmal einem echten Adligen zu begegnen!

Ob der alte Graf im Jahr 1702 wohl selbst hier vorbeikam, um den Bau der Mühle zu genehmigen? Das wäre sicher schwierig geworden, denn Grafen fahren doch in einer Kutsche, für die man Straßen braucht. Aber zu unserer Mühle führen keine Straßen. Wir sind ganz von Wasser umgeben. Die Sprjewja – so nennen wir Wenden die Spree in unserer slawischen Sprache – umarmt uns mit unzähligen Fließen. Nur mit einem Kahn können die Menschen zu uns gelangen. Wenn die Bauern ihr Getreide mahlen lassen wollen, laden sie das Korn in hohen Haufen auf ihre Kähne und staken sie hierher. Vielleicht hat der alte Graf auf dem Weg zu uns seine Kutschpferde auf Kähne laden lassen, wie die Bauern es mit ihren Ochsen tun, wenn sie zum Pflügen auf die Felder müssen? Mein Vater lachte, als ich ihn danach fragte. „Nein, natürlich ist er nicht persönlich hier erschienen. Einen echten Grafen haben wir noch nie auf unserer Mühle empfangen!“ Wie schade!

Trotzdem kam schon einmal sehr geheimnisvoller Besuch hierher. Die Leute erzählen, dass vor langer Zeit der Pumphut, ein wandernder Müllerbursche mit spitzem Hut, in unserer Mühle auftauchte, wo er allerlei Schabernack trieb. Der Pumphut ließ das Mühlrad auf Befehl stillstehen und laufen! Angeblich ritt er durch die Lüfte ins Dorf, verwandelte Getreidekörner in Hasen und sich selbst in fürchterliches Getier. Denn er soll ein Hexenmeister gewesen sein, der mit dem Teufel im Bunde steht. Aber das ist natürlich Unsinn, den Pumphut gibt es nicht! Ich bin schon groß und weiß das.

Ein köstlicher Duft wehte durch das geöffnete Fenster herein. Lilly spähte hinaus und sah Papa, der gerade die erste Ladung Fleisch, Wurst und Päckchen aus Alufolie vom Grill auf einen Teller stapelte. In den Päckchen befand sich bestimmt Fetakäse mit Tomaten und Zwiebeln. Mama aß nicht so gern Fleisch und Würstchen, aber Käse vom Grill liebte sie. Dazu gab es echte Spreewälder Gurken und das frische Mühlenbrot. „Wir müssen runter zum Abendessen", sagte Lilly freudig und bedauernd zugleich.

„Okay, aber vor dem Einschlafen lesen wir weiter.“ Und das taten sie dann auch.

1. Septembris 1852
Doch, den Pumphut gibt es wirklich – ich weiß es jetzt ganz sicher! Seit drei Tagen klopft er um Mitternacht schrecklich gegen das Fenster meiner Kammer! Einmal habe ich allen Mut zusammengenommen und auf den Fluss hinuntergeguckt, aber nur der bleiche Mond spiegelte sich im Wasser.
Und vorhin ... ich wage kaum, daran zu denken. Es dämmerte schon, als ich auf der Mahltenne noch Mehlstaub zusammenfegte, der sich wie feine Spinnweben auf alles herabsenkt. Das Mühlrad stand still. Ein anstrengender Arbeitstag war zu Ende. Von früh bis spät hatten wir Korn in den Trichter gefüllt und das Mahlgut nach oben geschleppt. Als ich schon hinüber in die Wohnstube gehen wollte, hörte ich plötzlich ein gewaltiges Wasserrauschen, als hätte jemand das Mühlwehr geöffnet. Es konnte nicht sein – aber auch das Wasserrad begann zu klappern! Geheimnisvoll setzte sich die Mühle in Gang: Der Wellbaum drehte sich und trieb die Welle mit der Mühlspindel an. Dadurch erwachte der Läuferstein zum Leben und fing mit ungeheurem Zähneknirschen an, unsichtbares Getreide zu zermalmen. Die Räder, Riemen und Seile der dunklen Tenne bewegten sich. Trichter und Mahlgang verwandelten sich in ein riesiges schwarzes Maul und gefräßige Gedärme, in denen es furchtbar rumpelte. Was wurde da gemahlen? Etwa Teufelsgetreide, aufgeschüttet vom Pumphut?

Plötzlich ertönte ein markerschütterndes Klopfen und Dröhnen. Die Mauern der Mühle erbebten! Ich ließ alles stehen und liegen und flüchtete in mein Bett. Bei Kerzenschein schreibe ich diesen Eintrag. Meine Hände zittern.

2. Septembris 1852

Alles ist gut. Unser Müllerbursche Andrusch hat seine Schuld gestanden. Er war es, der nachts mit seinem Rudel vom Fluss aus ans Fenster schlug. In den letzten Nächten hatte er sich nämlich aus dem Haus geschlichen, um mit dem Kahn zum Wirtshaus zu fahren. Und er selbst ließ gestern Abend das Wasser aus dem Mühlteich strömen und das Mühlrad laufen. Er wollte uns einen Schrecken einjagen. Das ist ihm wirklich gelungen! Das grässliche Klopfen stammte von dem hölzernen Hahn, der auf dem Rand des Trichters sitzt und Alarm schlägt, wenn er nichts zu fressen bekommt, das heißt, wenn kein Getreide nachgeschüttet wird. Dann hämmert er mit voller Wucht gegen ein Blech. Und weil sich gestern kein Mahlgut im Trichter befand – nicht einmal Teufelsgetreide! –, ließ der Hahn seine schaurige Stimme ertönen. Das alles hat also mit dem Pumphut nichts zu tun. Habe ich nicht immer gesagt, dass es den gar nicht gibt?

Mein Vater ist furchtbar wütend auf Andrusch. Die Mühlsteine sind gestern heißgelaufen, weil kein Getreide auf dem Bodenstein lag, das der Oberstein zerreiben konnte. Sie dürfen sich aber überhaupt nicht berühren, weil sie sich dann zu schnell abnutzen.

Heute schallen Andruschs Flüche durch die Tenne. Mein Vater hat ihn nämlich dazu verdonnert, die Mühlsteine nachzuschärfen. Das bedeutet: Andrusch muss mit der schweren Picke die Kanten der Furchen auf den Mühlsteinen bearbeiten, damit sie das Getreide wieder „zerbeißen" können. Ich habe auch schon mal versucht, die Picke zu schwingen – aber mein Arm schmerzte danach furchtbar. Das Nachschärfen ist wirklich die anstrengendste Arbeit des Müllers. Armer Andrusch!

Doch des einen Leid ist des anderen Freud'. Ich traute meinen Augen kaum, als heute Mittag mein Lieblingsgericht auf dem Tisch stand: Pellkartoffeln mit Quark und Leinöl! Mutter hatte es für mich zubereitet, weil sie mich für den Schrecken der letzten Tage entschädigen wollte. Ich liebe die Kuhle im Quark, in der sich das Leinöl wie ein goldener See sammelt. Ein Festschmaus!

Beim Essen schielte ich auf das braune Krüglein mit dem Leinöl vor mir. Leider ist mein Vater nur Getreidemüller – eine Ölpresse besitzen

wir nicht. Hoffentlich ist das Krüglein schnell leer – dann schickt mich Mutter wieder mit dem Kahn zur Ölmühle, um Nachschub zu holen. Die Leinsaat, die dort in der großen Pfanne geröstet wird, duftet wie die Nüsse, die wir in der Weihnachtszeit knacken. Ich hoffe, dass ich meine kleine Reise schon ganz bald wieder antreten darf!

Was für ein spannender Bericht! Aber obwohl die Geschwister schon ein bisschen schneller vorankamen, fanden sie das Entziffern der alten Handschrift immer noch extrem anstrengend. Inzwischen war es auch sehr spät geworden. Mit letzter Kraft schob Lilly das Buch unters Bett, dann fielen ihr die Augen zu.

7.

DER BESTE WASSERSPIELPLATZ DER WELT AUF DER SCHLOSSINSEL LÜBBEN

Am nächsten Tag schliefen die Kinder lange. Als sie zum Frühstück auf die Terrasse traten, wo Mama und Papa es sich schon mit einem Kaffee und neuen Köstlichkeiten aus dem Hofladen gemütlich gemacht hatten, herrschten fast sommerliche Temperaturen – und das im April, genauer gesagt, am Karfreitag. Im vergangenen Jahr hatte es zu Ostern geschneit!

In Anbetracht der Wetterlage hatte Mama eine Idee: „Was haltet ihr davon, wenn wir uns das heutige Ausflugs-Überraschungs-Ei aufheben und stattdessen nach Lübben auf die Schlossinsel fahren? Dort gibt es einen schönen Park mit einem supertollen Wasserspielplatz."

Lilly und Nikolas sahen sich an. Schlossinsel Lübben? Hatte Juro nicht etwas von einem Grafen

erwähnt, der in diesem Schloss gelebt und dessen Kutsche er auf der Landstraße entdeckt hatte? Oder war das Lübbenau? Egal, ein Wasserspielplatz war immer gut!
„Wir sind dabei!“, sagte Lilly und Nikolas nickte.

„Schau mal, hier kann man Boot fahren! Machen wir das vielleicht doch mal?“ Nikolas zeigte auf die Anlegestelle, an der sie auf dem Weg zur Insel vorbeikamen.
„Tja, mal schauen, ob Oma und Opa uns so etwas ins Ei gepackt haben!“ Papa grinste. Dann legte er Mama einen Arm um die Schulter, um sie an den Souvenirshops vorbeizulotsen. Zum Glück rannte Lilly schon vor. Ihre Schritte entlockten der schmiedeeisernen Brücke ein hohles Geräusch.
Jetzt waren sie auf der Insel. Nikolas stieß Lilly an: „Schau mal, da ist ein Labyrinth! Wetten, dass ich als Erster durchfinde?“ Schon rannte er los, und Lilly folgte ihm, so schnell sie konnte. Nachdem sie auch den Klanggarten und die anderen Spielplätze ausreichend inspiziert hatten, kamen sie endlich zum Wasserspielplatz. Beide Kinder blieben wie vom Donner gerührt stehen. So viele Möglichkeiten! Sie schauten von links nach rechts und wieder nach links zurück. „Ich weiß gar nicht, wo ich anfangen soll“, flüsterte Lilly. Nikolas nickte nur stumm.

Entlang des Ufers floss Wasser durch Rinnen, spritzte aus dem Boden oder wurde von Kindern über Pumpsysteme nach oben geholt. Auf der Spree schwammen zwei hölzerne Piratenflöße. Drei ganz unerschrockene Kinder planschten kreischend im Wasser, das trotz der sommerlichen Temperatur noch eiskalt sein musste.

Nach einem fantastischen Nachmittag fuhren sie erst bei Einbruch der Dunkelheit zurück zum Ferienhaus. Mama kochte schnell Spaghetti mit Tomatensoße, Papa schnippelte einen Obstsalat, außerdem hatten sie einen kleinen Eimer mit den berühmten Spreewälder Gurken aus Lübben mitgebracht. Damit die Eltern nicht misstrauisch wurden, quengelten Lilly und Nikolas ein bisschen herum, als sie ziemlich bald nach dem Essen ins Bett sollten. Ihr Vorschlag, noch etwas fernzusehen, wurde erwartungsgemäß abgelehnt – schließlich gab es um diese Uhrzeit auch kein Kinderprogramm mehr. Stattdessen schlugen sie erfolgreich eine halbe Stunde lesen heraus, bevor sie das Licht ausmachen sollten.
Schnell machten sich Lilly und Nikolas bettfertig und verzogen sich mit Juros Tagebuch und einer Taschenlampe unter die Bettdecke.

8.

JURO MACHT EINE ABENTEUERLICHE KAHNFAHRT AUF DER SPREE

11. Septembris 1852
Heute war das Krüglein mit dem Leinöl endlich leer! Am Morgen gab mir Mutter deshalb den Auftrag, zur Ölmühle zu fahren. Bald stand das Tongefäß im Kahn, ich packte das Rudel, stakte aus dem Hafen – und los ging die Fahrt in den Zauberwald! Etwa anderthalb Stunden sollte die Reise durch das Flusslabyrinth dauern. Die Sonne schien wie im Hochsommer, die hohen Erlen wiegten sich im Wind. Libellen mit gläsernen Flügeln

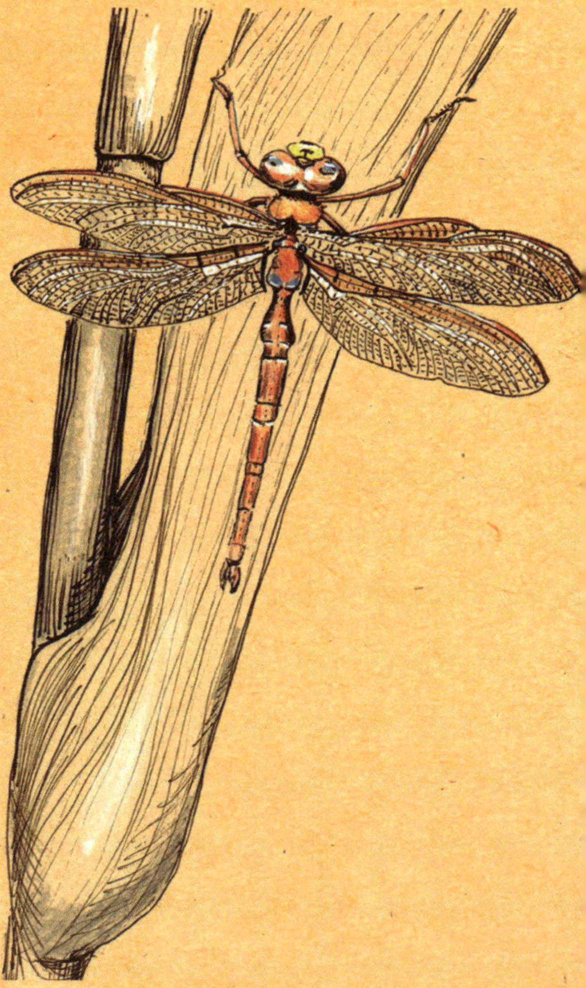

schwebten durch die warme Luft – „Himmelspferdchen" nennt meine Großmutter sie. Manchmal spritzte Wasser auf, und ich sah einen Fisch davonschnellen. Wenn ich das Rudel in den Fluss senkte, konnte ich Schleien und Hechte am Grund erkennen, die dieselbe Wasserstraße mit mir teilten.

Ja, die Sprjewja! Wir lieben sie, obwohl sie in manchen Jahren solches Hochwasser führt, dass sie Heumahd und Kartoffelernte vernichtet. Sie bildet ein Gewirr von Flüsschen, das aussieht wie ein Netz, das sich über die Landschaft zieht. Dazwischen liegt eine Inselwelt – mit Gehöften, Gärten, Feldern und Wiesen.

Starka erzählte mir einmal, dass der Spreewald das Werk des Teufels persönlich war: Einst pflügte er nämlich mit seinen Ochsen den hiesigen Boden, aber die Tiere arbeiteten zu langsam. Deshalb drohte er ihnen: „Dass euch faules Vieh doch meine Großmutter hole!" Offensichtlich fürchteten sich die Ochsen mehr vor seiner Großmutter als vor ihm selbst, weshalb sie Reißaus nahmen und in ihrer Panik im Zickzack durch die Lausitz rannten. Weil sie dabei immer den Pflug hinter sich herzogen, entstand das verästelte Flussbett mit seinen zahllosen Fließen.

Als ich das Dorf erreichte, spähte ich nach links und rechts in die Kanäle, um in einem Haus oder Stall vielleicht einen Klassenkameraden zu entdecken. Doch niemand war zu sehen! Nur die gekreuzten Schlangenköpfe an den Giebeln der Häuser schienen meine Ankunft zu beäugen. Aber das machte nichts – denn Schlangen bringen Glück und sind den Menschen wohlgesonnen.

Es heißt, dass im Spreewald der Schlangenkönig lebte, der eine Krone von unschätzbarem Wert trug. Einige erzählen von einem fremden Grafen oder Kaufmann, der von der goldenen Krone des Schlangenkönigs gehört

hatte und sie unbedingt haben wollte. Darum fing er an, die Schlangen zu beobachten. Er fand heraus, dass sie sich oft auf einer Lichtung trafen, um die Sonne zu genießen. Der König der Schlangen legte seine Krone dabei stets auf einem hellen Fleck ab. Eines Tages platzierte der Fremde ein weißes Tüchlein am Rande der Lichtung und versteckte sich hinter dem nächsten Busch. Der Schlangenkönig legte die Krone auf das Tuch und kroch hinüber zu den anderen Schlangen. Der Mann zog das Tuch zu sich und ritt mit der Krone davon. Die Schlangen folgten ihm, doch er sprang über eine Mauer und entkam. Fortan war er ein sehr reicher Mann. Zur Erinnerung an den Ursprung seines Wohlstandes wählte er die Schlange zu seinem Wappentier.

Daraufhin zeigten sich lange Zeit keine Schlangen mehr im Spreewald, bis die Grafen von Lübbenau die Tiere zurücklockten, indem sie eine besonders sonnige Stelle in ihrem Schlosspark für sie reservierten. Nach einer anderen Erzählung sollen es die Grafen von Lübbenau selbst gewesen sein, die den Schlangenkönig bestahlen. Doch wer weiß das schon so genau?

Bald ließ ich den Ortsrand mit der Bleiche hinter mir. Auf dieser Wiese legen die Frauen ihre Wäsche aus, um sie durch das Sonnenlicht ganz weiß zu bekommen. Auf der Hauptspree kamen mir unzählige Kähne entgegen, die mit allen Arten von Lebensmitteln überhäuft waren. Ich hatte den Markttag in Lübbenau ganz vergessen! Bauern und Gärtner strömten in die Stadt, um dort Meerrettich, Gurken und Zwiebeln feilzubieten. Es waren so viele Kähne unterwegs, dass ich fast mit einem schwimmenden Kartoffelberg zusammenstieß! Er war so gewaltig, dass ich nur die leuchtende Haube der stakenden Bäuerin dahinter erkannte. Ein paarmal wurde ich auch zum Ufer abgedrängt und Äste streiften mein Gesicht. Aber als ich in ein schmaleres Fließ abbog, kehrte wieder Ruhe ein.

Doch schon bald erwartete mich eine neue Überraschung. Denn plötzlich türmte sich ein riesiger Haufen von Zweigen und Ästen vor mir am Ufer auf. Eine Biberburg! Sozusagen der Palast einer Biberfamilie, mit einem Unterwasser-Eingang und trockenen Wohnräumen obendrüber. „Plitschplatsch!", machte es da auf einmal. Ein Biber! Sein brauner Körper erschien kurz neben mir an der Wasseroberfläche, tauchte dann ab und verschwand flink in der Höhle – der platte Schwanz ragte noch einmal kurz zwischen den Zweigen auf.

Obwohl die Biberburg sehr groß war, konnte ich an ihr vorbeifahren. Doch schon aus der Entfernung erkannte ich mit Schrecken: Weiter vorn lag ein Baumstamm quer über dem Fließ und versperrte die Durchfahrt. Ich stakte heran, um den Baum näher zu begutachten. Und tatsächlich: Da waren Biber am Werk gewesen! Kräftige Zähne hatten den Baumstamm von allen Seiten angenagt, bis er aussah wie ein auf der Spitze stehender Bleistift – und dann umknickte und genau in den Fluss fiel. So bauen sich die Biber ihre eigenen Dämme, genau wie wir Müller das Wasser an den Wehren stauen, um die Kraft der Natur zu regulieren. Die Biber stauen den Fluss so auf, dass der Eingang zu ihrer Biberburg immer unter Wasser liegt. Sie sind die Müller der Tierwelt!

Da war nichts zu machen: Ich musste umdrehen und einen langen Umweg zur Ölmühle nehmen. So traf ich erst bei Ölschläger Brodak ein, als er vom Mittagstisch aufstand und sich wieder an die Presse begab. Er füllte gleich meinen Tonkrug und schenkte mir auch einen Ölkuchen aus gepresstem Lein. Den sollte ich an meine Katze Lenka verfüttern, weil ihr Fell dann wunderbar glänzen würde.

Ich blieb noch ein Weilchen in Herrn Brodaks Werkstatt, denn ich liebe es, dabei zuzusehen, wie die Leinsaat sich beim Pressen in goldene Flüssigkeit verwandelt!

Nach einiger Zeit stellte ich erschrocken fest, dass ich schon den ganzen Nachmittag in der Ölmühle verbracht hatte. Dabei lag noch so eine weite Strecke vor mir! Mit einem Kloß im Hals verabschiedete ich mich von Herrn Brodak, der mir den kürzesten Nachhauseweg genau schilderte. Er stieß meinen Kahn aus der Gasse vor der Mühle und winkte mir zum Abschied. Meine Fahrt würde wegen des Hindernisses trotzdem fast drei Stunden dauern!

Schon bald begann die Sonne unterzugehen. Das letzte Tageslicht streifte die Weiden am Fluss und lag rot auf den Heuschobern, die an riesige Zwergenmützen erinnerten. Da musste ich an die Lutki denken – ein Volk von winzigen Wesen mit roten Mützchen. Einst lebten sie mit den Menschen zusammen und halfen ihnen beim Brotbacken und Butterschlagen. Als aber das Christentum in die Lausitz kam und die ersten Kirchenglocken läuteten, flüchteten die Lutki erschrocken ins Innere der Erde.

Plötzlich raschelte etwas links vor mir am Ufer. Kauerte da nicht ein Schatten im Röhricht? Ich stieß das Rudel in den Grund und hielt den Kahn an. Reglos stand ich da und wagte kaum zu atmen. Kein Zweifel:

Da verbarg sich ein Wesen. Doch nicht etwa ein Abgesandter der Lutki? Oder viel schlimmer: Der Nix? Der Wassermann, der manchmal Mordgelüste bekommt und den Menschen am Fluss auflauert, um sie in sein Reich hinabzuziehen?

Aber den Nix gibt es nicht! Er ist nur ein Hirngespinst von Frauen, die abends in der Spinnstube sitzen und sich Geschichten erzählen. Das behauptet zumindest unser Lehrer Herr Deutschländer, der schrecklich viel weiß.

Tagsüber fällt es mir leicht, ihm das zu glauben. Aber jetzt war es dämmerig und ich musste an Großmutter denken, die die alten Geschichten noch kennt. Sie behauptet nämlich, dass der Nix existiert. Doch wer von beiden hat recht?

Da machte es wieder „plitschplatsch“ und ein kleines, kräftiges Wesen tauchte vor meinem Kahn ins Wasser ab. Ein Biber! Nur ein Biber! Ich musste so lachen, dass der Kahn schwankte.

9.

DAS GEHEIMNIS DER SORBISCHEN OSTEREIER

Am Ostersamstag waren Lilly und Nikolas schon vor den Eltern wach und konnten noch ein Kapitel lesen, bevor sie es im Badezimmer rumoren hörten.

25. Martii 1853

Heute ist Karfreitag, ein sehr wichtiger Feiertag. Vor langer Zeit hat Jesus Christus an diesem Tag für uns den Tod am Kreuz erlitten. Eigentlich ein trauriger Tag – aber gleichzeitig wunderbar: Denn an Karfreitag darf nicht gearbeitet werden. Ich muss also weder in der Mühle noch auf dem Feld schuften. Und das Schuljahr ist gottlob auch zu Ende! Außerdem erwacht die Natur aus ihrem Winterschlaf: Die Weiden knospen, und die Blumen heben ihre Köpfchen aus dem Boden. Deshalb liebe ich Ostern.

Aber das Schönste an dieser Jahreszeit ist das Eierbemalen! Die ganze Familie setzt sich an Karfreitag in der Stube zusammen, um Hühnereier zu verzieren, die an Ostersonntag verschenkt werden. Zum Glück gilt das Eierbemalen nicht als Arbeit!

Am Vormittag bereiteten Starka und ich mehrere Aufgüsse zu, damit unsere Eier in bunten Farben erstrahlen konnten. Um gelbe Farbe zu erzeugen, übergossen wir Zwiebelschalen mit kochendem Wasser. Einen

Teil dieser Brühe ließen wir so lange ziehen, bis Braun entstand. Für Grün ließen wir Brennnesselwurzeln köcheln, Schwarz stellten wir mit Erlenzapfen her. Für die wichtigste Farbe, die Glücksfarbe Rot, verwendeten wir den Saft von roten Rüben. Starka fügte noch etwas Essig hinzu, damit die Farben stärker leuchteten.

Zum Mittagessen gab es heute – mal wieder! – Hecht. Den holt Vater aus dem hölzernen Fischkasten am Fließufer. Zum Hecht kam – wie so oft! – weiße Soße auf den Tisch. Zuerst murrte ich etwas. Aber obwohl der Karfreitag ein Fastentag ist, glaube ich, dass Mutter heute extra viel Dill und Sahne in die Soße gegeben hat. Vater meinte sogar belustigt, sie sei auch mit dem hellen Bier, das er meist gar nicht aus der Soße herausschmeckte, diesmal besonders großzügig umgegangen. Jedenfalls löffelte ich begeistert meine Fischportion mit den Kartoffeln, die in brauner Butter schwammen.

Dann begann das eigentliche Vergnügen. Wir alle – Mutter, Vater, Starka und ich – wetteiferten darin, die Ostereier zu verzieren. Auch Lenka sprang auf den Tisch und miaute uns vermutlich Ratschläge zu: „Vorsicht, wenn ihr die Gänsefedern zuschneidet – die Spitzen der Kiele müssen erhalten bleiben, miau! Passt beim Erhitzen des Wachses auf, dass es heiß genug wird, aber auch nicht siedet, weil es sonst auf dem Ei zerfließt, miau!“

Leider kann ich beim Eierbemalen nicht mit Starka mithalten. Mit sicherer Hand überzieht sie trotz ihres Alters die runden Gebilde mit geheimnisvollen verschlungenen Mustern, die wie Teppiche aus Kreisen, Dreiecken und Strichen wirken. Ich dagegen muss immer Linien auf dem Ei vorzeichnen, weil sie sonst schwanken wie Andrusch, wenn er aus der Schänke kommt.

Zuerst entschied ich, welche Flächen auf dem Ei ich weiß lassen wollte, tunkte den Federkiel ins Wachs und bedeckte die ausgewählten Stellen damit. Hierauf legte ich das Ei in die gelbe, also die hellste Farblösung, ließ es trocknen und überzog die Stellen, die gelb bleiben sollten, mit Wachs. Danach kamen die dunkleren Farben an die Reihe. Am Schluss war das gesamte Ei mit Wachs beschichtet; Schwarz bildete die letzte Farbstufe. Nun ganz sachte an die Kerzenflamme halten, bis das Wachs schmolz! Vorsichtig abwischen und ... die Farben kamen prächtig leuchtend zum Vorschein!

Immer wieder schielte ich zu Starka hinüber. Sie hatte gerade ein Ei mit roter Grundfarbe fertiggestellt. Es zeigte ein Sonnenrad, das von kleinen Dreiecken, die wie Wolfszähne aussahen, umschlossen war. Dieses Muster soll viel, viel Glück bringen! Wem Starka dieses herrliche Ei wohl schenken wird?

Aus dem Bad erklang das Brummen der elektrischen Zahnbürsten. Schnell ließen Lilly und Nikolas das Buch unter dem Bett verschwinden und zogen sich an. Am Frühstückstisch überlegten die Kinder, ob sie das nächste Ausflugs-Ei von Oma und Opa öffnen sollten. Doch heute gab es für Mama nur ein mögliches Ausflugsziel: Sie wollte nach Burg und

bei der Osterwerkstatt im „Haus der Begegnung“ lernen, wie man die berühmten sorbischen Ostereier bemalte. „Dort können wir auch filzen und Glasmosaike basteln“, erzählte sie.
Von Papa gab es unerwartete Unterstützung – jedenfalls fast. „Burg ist prima. Während Mama bastelt, können wir in den Barfußpark und zum Irrgarten. Wir sind ja noch fast eine Woche hier, da haben wir noch genug Zeit, die restlichen Überraschungs-Eier aufzubrauchen.“
„Die Ausflugs-Eier können wir gern aufheben. Ich will aber mit Mama sorbische Ostereier bemalen“, verkündete Nikolas zur Überraschung beider Elternteile.
„Ich auch“, erklärte Lilly. „Und dann machen wir die anderen coolen Sachen in Burg.“
Papa gab sich der Ostereier-begeisterten Übermacht geschlagen und tippte das „Haus der Begegnung“ ins Navi ein.
„Papa, wie ist eigentlich der Spreewald entstanden?“, wollte Nikolas auf der Fahrt wissen. Die Geschichte mit dem Teufel von Juros Großmutter glaubte er nicht einen Moment lang.
„Durch die Eiszeit. Gesteinsablagerungen im Eis und das Schmelzwasser formten die Landschaft und drückten viele kleine Sandinseln nach oben. Auf diesen ließen sich vom 2. bis 5. Jahrhundert einige germanische Völker nieder. Im 6. Jahrhundert entstanden die ersten Siedlungen slawischer Völker. Auch heute leben hier viele Nachfahren der slawischen Sorben, die sich in der Niederlausitz auf Deutsch aber oft Wenden nennen. Einige Kanäle wurden künstlich angelegt. Heute ist das Labyrinth aus Fließen rund 1.500 Kilometer lang.“

Unterwegs legte Papa einen Zwischenstopp am Biberhof in Burg ein. Lilly und Nikolas grinsten einander an. Beide mussten daran denken, wie Juro sich vor dem Biber erschreckt und gedacht hatte, es wäre der Nix. Dabei waren die Sumpfbiber, die hier auf dem Hof lebten, so niedlich mit ihren winzigen Augen und Öhrchen und dem wuscheligen grauen, weißen oder hellbraunen Fell! Einige der Tiere standen auf den mit Schwimmhäuten ausgestatteten Hinterpfoten, hielten Obststückchen in den kleinen Vorderpfötchen und knabberten daran. Lilly war sofort verliebt.

Auch viele andere Tiere waren hier zu Hause. Während die Familie umherschlenderte, entdeckte sie Hühner, Gänse und Goldfasane, Kaninchen und Meerschweinchen, Woll- und Hausschweine, Ponys und Esel, Waschbären und Frettchen, Schafe und Ziegen – überwiegend Tiere, die die Menschen schon immer auf den Höfen im Spreewald gehalten haben. Viele durfte man sogar streicheln. In den Aquarien in der alten Scheune, tummelten sich vor allem einheimische Fische.

Dann ging es weiter zum „Haus der Begegnung“.

Das Verzieren der Ostereier nach alter Tradition erforderte noch mehr Kunstfertigkeit, als Lilly und Nikolas nach

Juros Schilderungen vermutet hatten. Beide verloren bereits nach kurzer Zeit die Geduld, mit Stecknadel und Feder feinste Muster aus Wachs auf das noch weiße Ei zu zeichnen. Mama dagegen war völlig in ihrem Element und schwärmte, wie entspannend sie diese Arbeit fand.
Die Kinder stromerten lieber durch den großen Raum und sahen sich die anderen Mitmachaktivitäten an. Die Glasmosaike und das Filzen hatten es beiden angetan. Papa spendierte ihnen ein paar Euro für die Materialkosten und machte sich dann auf die Suche nach einem Kaffee und einer Zeitung. Die Geschwister entschieden sich, Bälle zu filzen. Davon konnte man schließlich nie genug haben.
Eine Frau, die sich als Alena Kubasch vorstellte, und ihr Sohn, ein Junge in Nikolas' Alter namens Jan, gaben den Filz-Neulingen Tipps und halfen hier und da ein wenig. „Puh, das ist ganz schön anstrengend, aber immerhin leichter, als das Ostereierbemalen", stöhnte Nikolas und tunkte seinen Ball noch einmal in die Seifenlauge.
„Das Ostereierbemalen ist ja auch eine jahrhundertealte Kunst. Jedes ist einzigartig und soll dem Beschenkten Glück bringen.

Sie wurden früher nicht nur zu Ostern, sondern auch zu Taufen, Hochzeiten und zum neuen Jahr verschenkt", erzählte Jan.

„Dann waren die Ostereier von Oma und Opa zu Weihnachten ja gar nicht so verrückt", sagte Nikolas lachend und erzählte Jan und seiner Mutter von dem ungewöhnlichen Weihnachtsgeschenk. Dann bat er Jan, mehr über die Tradition der sorbischen Ostereier zu erzählen.

„Es gibt verschiedene Techniken, sie herzustellen", erklärte Jan. „Früher legte man die gefärbten Eier in einen Ameisenhaufen, damit sie durch die Ameisensäure ein Muster bekamen. Man kann aber auch mit Milchsäure aus Sauerkraut ein Muster in das Ei ätzen, es mit einem Messer in ein bereits gefärbtes Ei kratzen oder weiße Eier mit verschiedenfarbigen Wachsen verzieren."

„Mama macht aber gerade weißes Wachs auf weiße Eier", überlegte Lilly.

„Ja, auch das geht. Man tupft ein Muster auf und färbt das Ei. Dann kann man das Wachs abpulen und die Stellen darunter sind weiß geblieben. Die Profis tunken das Ei in mehreren Durchgängen in unterschiedliche Farben und entfernen zwischendrin immer eine Wachsschicht, damit diese eine neue Farbe bekommt. Das nennt man Batiktechnik." Lilly und Nikolas warfen sich einen Blick zu. Das klang so ähnlich wie bei Juro.
Nun schaltete sich Jans Mutter ein: „Die Ornamente und Muster haben Bedeutungen, die schon über 400 Jahre alt sind. Das Dreieck symbolisiert zum Beispiel einen Wolfszahn und schützt den Beschenkten vor dem Bösen. Die Bienenwabe steht für Fleiß. Kiefernzweige auf dem Ei sollen dem Beschenkten Gesundheit bescheren. Auch die Farben haben Bedeutungen, so steht Rot für Liebe und Freundschaft. Früher gab es noch keine Eierfarben zu kaufen, die stellte man selbst her, zum Beispiel einen Schwarzton aus Walnussschalen."
Plötzlich wechselte Jan ein paar Worte mit seiner Mutter in einer fremden Sprache. Als er Lillys und Nikolas' erstaunte Gesichter sah, erklärte er: „Das war Niedersorbisch. Hier im Spreewald sprechen viele Familien neben Deutsch auch die Sprache unserer Vorfahren, der Wenden. Mehr als 1.600 Kinder lernen es in der Schule. Ich besuche die Witaj-Klasse am Niedersorbischen Gymnasium Cottbus. Bei uns werden sogar Geschichte und Ethik zweisprachig unterrichtet, später auch Musik und Sport. Ich habe meine Mutter übrigens gefragt, ob sie euch vom Osterfeuer erzählen kann."
Lilly und Nikolas nickten begeistert. „Ja, bitte!"
„Gern", sagte Jans Mutter. „Diesen Brauch gibt es fast überall in Deutschland, auch bei den slawischen Völkern war er sehr beliebt.

Früher glaubte man, das Feuer hätte eine reinigende Kraft. Das Osterfeuer symbolisierte die Sonne und die Hoffnung auf den wiederkehrenden Sommer. Außerdem glaubte man, der Schein des Feuers würde alle Häuser, die von den Flammen beleuchtet werden, vor Brandgefahr schützen und das Land fruchtbarer machen. Darum finden die Osterfeuer oft an einem weithin sichtbaren Platz statt – damit eine möglichst große Fläche vom Feuer beschienen wird. In den Tagen vor dem Osterwochenende wird ganz viel Holz zusammengetragen. Dann gilt es, den Holzstoß gut zu bewachen, denn Jugendliche aus den umliegenden Dörfern machten sich vor ein paar Jahren immer wieder einen Spaß daraus, das Feuer schon vor dem Abend des Ostersamstags zu entzünden. Das ganze Dorf trifft sich an diesem Abend und feiert gemeinsam. Auch Gäste sind natürlich willkommen. Früher sprangen die jungen Männer gern über das Feuer, um ihre Liebste zu beeindrucken. Gelang es ihnen, konnten sie auf eine Hochzeit hoffen. Aber heute sind die Osterfeuer so riesig, dass niemand mehr darüber springen könnte."

Als Papa nach einer Dreiviertelstunde wiederkam, hatten die Kinder einen Plan: „Papa, wir müssen heute Abend unbedingt zum Osterfeuer!"

Papa überlegte. „Ist das hier in Burg?"

„Ja, hier gibt es eins, aber auch in vielen anderen Orten", erklärte Jan. „Wir feiern mit Freunden und Verwandten in Schlepzig, einem der ältesten Dörfer im Spreewald. Dort findet das Osterfeuer am riesigen Weidendom statt, mit Grillen und Live-Musik. Kommt doch vorbei! Wenn Lilly und Nikolas ein paar Ostereier mitbringen, können sie beim Waleien mitmachen."

„Was ist das denn?", wollte Nikolas wissen.

„Wir suchen uns eine Grube, legen ein Ei in die Mitte und jeder lässt ein Ei hineinrollen. Ziel ist es, das erste Ei zu treffen. Wer es schafft, gewinnt das Ei."
„Papa, dürfen wir?", bettelte Lilly und setzte ihr niedlichstes Gesicht auf.
„Schon gut", lachte Papa. „Wir haben heute Abend noch nichts vor, und Mama findet das bestimmt toll, solange ihr nicht eines ihrer kunstvoll verzierten Eier dafür nehmt."

Bald darauf hatte Mama ihr Ei und die beiden angefangenen der Kinder fertiggestellt. Der Rest der Familie musste zugeben, dass die Eier toll aussahen, wenn das Muster auch einfacher war als das der Eier, die man kaufen konnte. Jan hatte erzählt, dass es sogar einen Wettbewerb um das schönste Ei gab.
Nachdem Mama dem Osterfeuer-Besuch am Abend zugestimmt hatte, verabschiedete sich die Familie und machte sich auf den Weg zum Irrgarten auf dem „Spreewaldhof Lukas". Der lag – umgeben von Wasser – idyllisch im Norden der Gemeinde Burg. Der Irrgarten war ziemlich groß und mit hohen, dichten Hecken bewachsen. Eine echte Herausforderung! Es dauerte eine ganze Weile, bis sie den Weg zum Aussichtspodest in der Mitte gefunden hatten – aber es war ein Riesenspaß. Als Zeichen, dass sie ans Ziel gekommen waren, durfte sich jeder einen Stempel auf die Hand drücken. Zurück ging es dann leichter. Papas nächstes Ziel war der Barfußpark am Gasthaus am Kurfürstendamm, der im Süden des Ortes lag – natürlich auch direkt an einem Fließ. Gespannt liefen Lilly und Nikolas über die verschiedenen

Untergründe: feinen Sand, Steine aller Größenordnungen, Kienäpfel, Holzbohlen und sogar abgerundete Glasscherben.

„Kommt ihr?", fragte Papa nach einer Weile. „Es gibt hier noch einen tollen Kur- und Sagenpark. Und eine Weidenburg und den Bismarckturm könnten wir auch noch besichtigen. Von dort aus kann man den ganzen Spreewald überblicken, habe ich gehört. Vielleicht finden wir sogar einen der hilfreichen Lutki unter dem Schlossberg."

Aber Lilly und Nikolas hatten keine Lust. Sie wollten lieber weiter am Kneippbecken planschen, die ersten Hummeln, Schmetterlinge und sogar einen grünen Frosch mit schwarzen Tupfen beobachten, Flammkuchen und Eis essen. Papa gab auf, denn in den Ferien sollte man auch einfach mal spontan sein.

Erst, als es Zeit wurde, zum Osterfeuer aufzubrechen, machten sie sich auf den Weg. Der führte glücklicherweise fast direkt an ihrer Ferienwohnung vorbei, sodass Mama ein paar der von zu Hause mitgebrachten, selbstgefärbten Eier für Lilly und Nikolas holen konnte. Die brauchten sie, um beim Waleien mitzumachen.

10.

DAS OSTERFEUER

Jan hatte nicht zu viel versprochen. Das Feuer war gewaltig, und im Biergarten der Spreewaldbrauerei saßen sie gemütlich bei kalten Getränken und Leckereien vom Grill zusammen, bis Jan die Geschwister abholte.

Hinter dem Weidendom warteten bereits zwei Mädchen, die Jan als seine Cousinen Hanka und Lejna vorstellte, und ein Junge, Jans Freund Beno.

Die Wiese am Ufer war hier etwas abschüssig und eignete sich damit gut zum Waleien. Beno stiftete ein dunkelrotes Ei, das es in der ersten Runde zu gewinnen gab. Jan durfte anfangen, verfehlte das Ei aber mit seinem grünen. Hanka hatte mit ihrem bunt gefleckten mehr Erfolg. Sie gewann das rote Ei und stellte das bunte als Preis für die nächste Runde zur Verfügung. Nun durften Lilly und Nikolas ihr Glück versuchen. Nikolas war bald darauf Besitzer des bunten Eies und stellte eins seiner Eier für die nächste Runde bereit. Ein wirklicher Wettkampf war es nicht. Mal gewann der eine, mal der andere. Fröhlich wurden dabei die Eier getauscht, und die Kinder hatten viel Spaß.

Als sie irgendwann keine Lust mehr hatten, setzten sie sich auf eine Bank am Feuer, aßen die Eier und beschlossen, sich gegenseitig Gruselgeschichten zu erzählen.

Hanka machte den Anfang: „Es war einmal ein Mann, der hatte abends in der Kneipe ein paar Bier zu viel getrunken. Auf dem Heimweg erschien ihm plötzlich der vertraute Weg durch den Wald ganz fremd. Irgendwo musste er falsch abgebogen sein, denn er geriet in den Sumpf. Es stank erbärmlich, und ganz in der Nähe erklang das Heulen eines Wolfes. Der Mann erstarrte. Ein eiskalter Schauer kroch ihm den Rücken hinunter. Da tauchte plötzlich ein kleines Licht vor ihm auf. Dem Mann fielen die Geschichten ein, die man sich von den Irrlichtern erzählte. Sie seien freundlich, sagte man, und würden verirrten Wanderern den Weg nach Hause zeigen, wenn man ihnen ein kleines Geldstück dafür gab. Der Mann folgte also dem Irrlicht, und siehe da – schon bald war er zu Hause. Doch der alte Geizhals dachte nicht daran, dem Irrlicht eine Münze zu geben. Er schlug die Tür hinter sich zu und ging ins Bett.

Als er sich einige Jahre später das nächste Mal nach einem Fest im Nachbardorf im Sumpf verirrte, tauchte das Irrlicht wieder auf. Der Mann folgte ihm, Stunde um Stunde. Er hätte längst zu Hause sein müssen, aber das Irrlicht, das er einst um seinen verdienten Lohn betrogen hatte, führte ihn immer tiefer in den Supf hinein, bis es irgendwann kichernd verschwand. Erschöpft brach der Mann zusammen. Kalte Nebelschwaden bedeckten ihn. Als er am nächsten

Tag aufwachte, versuchte er allein den Weg nach Hause zu finden. Und wenn er nicht gestorben ist, sucht er ihn noch heute."

Den anderen Kindern lief ein Schauer den Rücken hinunter, aber das hätten sie niemals zugegeben. „Sagt mal, kennt einer von euch die Sage vom Pumphut? Was hat es denn damit auf sich?", fragte Lilly, die sich an die Geschichte in Juros Tagebuch erinnerte.

„Klar, die kennt hier jedes Kind", sagte Beno. „Soll ich sie euch erzählen?"

Lilly und Nikolas nickten gespannt.

„Okay. Im Dorf Spohla in der Oberlausitz wurde einst in einer ärmlichen Bauernkate ein Junge namens Martin Niemec geboren“, leierte Beno den oft gehörten Text herunter. „Er wuchs zu einem klugen Jungen heran, der in der Mühle seines Heimatdorfes das Müllerhandwerk erlernte. Als der Meister ihn nichts mehr lehren konnte, ging er auf Wanderschaft. Er zog von Mühle zu Mühle. Dabei trug er einen spitzen, breitkrempigen Hut, wie ihn auch die Pumpenbauer hatten. Bald nannte man ihn nur noch Martin Pumphut.“

„Ich dachte, der Pumphut wäre eine Art Kobold, der den Leuten Streiche spielt“, wunderte sich Nikolas.

„Wartet ab“, sagte Beno. „Wohin Martin auch kam, übte er geschickt sein Handwerk aus und löste, klug, wie er war, viele Probleme, sodass es bald hieß, der Martin könne zaubern. Es gab aber auch Müllersleute, die ihn ausnutzten und hungrig wegschickten. Diesen spielte er üble Streiche. Er soll zum Beispiel das neue Mühlrad der Braaker Mühle so verzaubert haben, dass es plötzlich zu klein war. Darum war er unter den Müllern gleichermaßen beliebt wie gefürchtet.“

Lilly und Nikolas hätten noch ewig hier am Feuer sitzen und sich sorbische Sagen anhören können, aber Mama und Papa winkten zum Aufbruch. Tatsächlich war es schon lange dunkel und ziemlich spät geworden. Die Geschwister verabschiedeten sich widerwillig von Jan und seinen Freunden. Als sie im Ferienhaus ankamen, waren sie so hundemüde, dass sie kein Kapitel in Juros Tagebuch mehr lesen konnten.

II.

OSTERSONNTAG IM ERLEBNISPARK TEICHLAND

Am nächsten Morgen waren Lilly und Nikolas wieder vor ihren Eltern wach – schließlich war Ostersonntag, und wie immer konnten sie es kaum erwarten, sich auf die Suche nach den selbst gefärbten Eiern und kleinen Überraschungen zu machen. Um sich abzulenken, lasen sie Juros nächsten Tagebucheintrag.

27. Martii 1853

Endlich Ostersonntag! Ein freudiger Tag, weil Christus da von den Toten auferstand. Aber was noch besser ist: Heute darf ich mir die Ostergeschenke bei meinen Paten abholen – und ich habe sechs von ihnen! Vor lauter Aufregung erwachte ich ganz früh am Morgen, aber Mutter und Starka waren schon lange

vor mir aufgestanden. Sie legten sich nämlich für den Ostergottesdienst ihre Festtagstrachten in Schwarz, Weiß und Grün an – und das konnte dauern, denn Haube, Kleid und Tücher mussten mit unzähligen Nadeln festgesteckt werden. Am Ende waren die beiden pieksig wie Igel, aber wunderschön anzusehen!

Danach fuhren wir zum Gottesdienst ins Dorf. Meine Eltern und Starka stakten vorneweg, ich fuhr mit meinem eigenen Kahn hinterher. Gleich nach dem Kirchgang wollte ich doch „nach den roten Eiern gehen". Kaum war das letzte Wort des Herrn Pfarrers verklungen, sprang ich aus der Kirche heraus und hinein in den Kahn! Erstes Ziel: Meine Patin Susanka.

Bald stand ich vor ihrem Häuschen und klopfte an die Tür. Susanka öffnete und fragte scheinbar erstaunt: „Nanu, Jurko, was willst du denn heute hier?"

Hatte Susanka etwa vergessen, meine Geschenke vorzubereiten? „Aber ich bin doch dein Patenkind", antwortete ich kleinlaut. „Ich dachte, du hast vielleicht ... rote Eier ..."

„Patenkind? Rote Eier? Ich weiß von nichts!", meinte sie schelmisch und zog die Tür etwas weiter auf. „Aber komm doch erst mal rein!"

Ich stürzte ins Haus – und entdeckte sofort drei leuchtend rote Eier in einem Kissen auf der Ofenbank. Also hatte Susanka mich doch nicht vergessen! Wieder einmal hatte meine lustige Patin es geschafft, mich hereinzulegen. Sie ist einfach die Beste. Bei einem Ei hat sie sogar meine Katze Lenka mit einer Nadel in die Farbe eingeritzt!

Und wie es in ihrer Küche nach frischem Brot roch! Dem breiten Küchenschrank mit den Luftlöchern entströmte ein solcher Duft, dass ich betete, Susanka möge beim letzten Backtag nicht vergessen haben,

Platz für eine gewaltige Ostermohnsemmel im Gemeindebackofen freizuhalten. Aber nein: Kurz darauf hielt ich das Gewünschte in der Hand, das bald mit Rübenhonig den Weg in meinen Bauch fand. Susanka überhäufte mich mit so vielen Lebkuchen, dass Vaters großes Taschentuch, das meine Schätze aufnehmen sollte, sich bedenklich wölbte. Zum Schluss überreichte sie mir noch drei Töpfchen mit Senfgurken, Gewürzgurken und Knoblauchgurken, die sie nach einem Geheimrezept mit frischen Kräutern eingelegt hatte. Doch nun auf zu meinen fünf anderen Paten!

Am Abend kehrte ich nach einer langen Fahrt todmüde, aber voll beladen nach Hause zurück. „Du hast ja eine ganze Speisekammer auf deinem Kahn“, lachte Mutter, als ich die Kostbarkeiten auslud. Gähnend steuerte ich kurz darauf mein Bett an – doch was lag da auf dem Strohsack? Das zauberhafte Ei mit dem Sonnenrad und den

Wolfszähnen! Vielen Dank, liebste Starka! Morgen früh werde ich dich ganz fest drücken!

„Lilly, Nikolas! Wollt ihr nicht schauen, was der Osterhase für euch versteckt hat?", rief Mama aus dem Garten. Fröhlich schob Lilly das Tagebuch unters Bett, und sie stürmten die Treppe hinunter. Die kleinen Überraschungen zu finden, die der Osterhase – oder Mama und Papa – für sie im üppig bewachsenen Garten des Ferienhauses versteckt hatte, erwies sich als Herausforderung. Zu Hause kannten sie die Verstecke inzwischen, hier aber gab es ganz neue Möglichkeiten. Es dauerte über eine Stunde, bis fast alles gefunden war. Ein Ei fehlte, und auch Mama und Papa entdeckten es trotz intensiver Suche nicht. Vielleicht mochte der Glücksdrache dieses Hauses ja nicht nur Kekse, sondern auch Eier?

Nach dem Frühstück fuhr die Familie – dem nächsten Ei von Oma und Opa sei Dank – in den Erlebnispark Teichland, einen Freizeitpark, der ein Stück östlich von Cottbus lag. Auf einem riesigen Parkgelände gab es jede Menge zu erleben und zu entdecken. Der Eintritt war frei, nur wenige der Attraktionen mussten bezahlt werden, dafür hatten die Großeltern ein großzügiges Taschengeld ins Ei gepackt.

„Aaaaaaah!" Lilly kreischte in den höchsten Tönen, als Mama und sie sich in die Kurve legten. Auch bei der dritten Runde machte die Sommerrodelbahn noch irre viel Spaß!

„Jetzt aber weiter", sagte Papa mit strenger Miene, als die Kinder sich ein viertes Mal anstellen wollten, „sonst kriegen wir gar nichts mehr zu sehen!"

Bereitwillig stapften Lilly und Nikolas hinter ihm her, bestaunten die geologische Uhr und eroberten den Naturspielplatz. Weiter ging es zum Slawischen Götterhain, auf dem acht riesige Holzstatuen standen. Den obersten Gott Svantovit kannten Lilly und Nikolas von der Insel Rügen. Dort hatten früher die Ranen gelebt, die wie die Sorben und Wenden ein slawisches Volk waren. Aber auch Liuba, die Göttin der Liebe, Flyns, der Gott des Todes, Crodo, der Gott auf dem Fisch, Porevit, Beschützer der Schwangeren, Prono, Gott des Rechtes, Siwa, die Göttin des Lebens, und Radegast, Gott des Krieges, waren dabei.

„Hui, jetzt schwirrt mir aber der Kopf“, stöhnte Nikolas. „Wer kann sich denn all diese Namen merken?“

Mama lachte. „Die waren damals bestimmt so normal wie irgendwelche Bands oder Schauspieler heute. Ich kenne gewisse Leute, die Hunderte Pokemon mit merkwürdigen Namen kennen ...“ Sie zwinkerte Nikolas zu. „Jetzt finden wir aber erst einmal einen Weg durch diesen Irrgarten hier, okay? Dann können wir auf den Aussichtsturm."

Die Kinder stürmten voran und suchten nach dem richtigen Weg, Mama und Papa schlenderten gemütlich hinterher. Vom Aussichtsturm aus blickten sie neben endlosen Feldern und Windrädern auch auf eine große Fabrik mit dampfenden Schornsteinen und schwebten anschließend mit der Seilbahn über den Park. Auf dem „Pfad der Kleinen Götter" entlang des Weges gab es Hörstationen, an denen die bekanntesten sorbischen Sagen erzählt wurden. Einige kannten Lilly und Nikolas inzwischen schon, andere wie „Gottesklage", „Wirbelwind" und „Nachtjäger" waren neu – aber ähnlich unheimlich.

Sie flogen mit dem Zauberteppich auf die Tubing-Bahn hinauf und sausten durch steile Kurven wieder hinunter. Nachdem sie sich auf der Terrasse der Rodelklause gestärkt hatten, erklommen Lilly und Nikolas den 16 Meter hohen Kletterfelsen und spielten dann mit ihren Eltern eine Runde Minigolf.

Es gab noch einige Attraktionen mehr, aber Lilly und Nikolas waren von dem langen Abend am Osterfeuer etwas erschöpft und freuten sich nun auf einen gemütlichen Film-Abend auf dem Sofa.

Nach dem Film gingen die Kinder widerspruchslos ins Bett, obwohl es noch gar nicht so spät war. Die Eltern hatten vollstes Verständnis für ihre Müdigkeit. Tatsächlich aber wollten Lilly und Nikolas noch ein wenig lesen.

12.

DER TOLLE PÜCKLER

27. Augusti 1853

Heute fuhren Mutter und ich mit Bauer Kokot nach Cottbus auf den Markt. In aller Herrgottsfrühe verstaute Vater die Fässchen und Töpfe mit unseren Ernteerzeugnissen im Kahn. Doch die Flussfahrt währte nur kurz, da uns Bauer Kokot in seinem Pferdegespann über Land mitnahm. Als wir die Lebensmittel auf seinen Wagen umluden, erwachte Stolz in mir. Denn ich hatte nicht nur geholfen, das Sauerkraut zu stampfen, sondern auch durchgesetzt, dass Mutter die gesalzenen Heringe nach Starkas uraltem Rezept zubereitete. Noch dazu hatte ich den Dillgurken eine geheime Zutat beigefügt!

Von der Fahrt bekam ich allerdings nicht viel mit – denn der Wagen schaukelte so wohlig, dass ich auf Kokots Kartoffeln einschlummerte. Erst lautes Stimmengewirr riss mich aus dem Schlaf. Wir waren am Marktplatz von Cottbus angelangt, wo schon emsiges Gewimmel herrschte. Während Mutter und Bauer Kokot ihre Waren auf den Ständen ausbreiteten, tauchte ich in das bunte Treiben ein.

Was es da nicht alles gab! Perlenbestickte Halstücher, Flechtkörbe, feine Tuche, kunstvoll geschlungene Zwiebelzöpfe, goldene Butter. Wie magisch zogen mich die überzuckerten Baumkuchen mit Vanille und Mandeln an. Ob die Kupfermünzen in meiner Hosentasche wohl dafür reichten?

Dann spielten vier Musikanten auf und ließen Brummtopf, Maultrommel, Schalmei und Dudelsack erklingen. Die Marktbesucher klatschten begeistert oder wagten ein Tänzchen. Nur meine Mutter stand mit trauriger Miene am Stand. Sie schaffte es nicht, die Menschen auf ihre Waren aufmerksam zu machen. Die anderen Verkäufer schrien viel lauter und übertönten sie.

Plötzlich donnerte und krachte es, dass die Erde bebte. Die Musik setzte aus, Glas klirrte, Menschen sprangen panisch zur Seite. Ein riesiges Fuhrwerk mit vier Pferden preschte auf uns zu, so lang wie ein Kirchturm! Und darauf lag – ein riesiger Baum mit vollständiger Krone und Wurzelwerk! So ausladend, dass alles zu Bruch ging, was ihm in die Quere geriet, selbst die Fensterscheiben der Häuser. Doch mit einem Ruck kam das Gefährt zum Stehen – und herab sprang eine Erscheinung, die ich nie vergessen werde.

„Der tolle Pückler!", entfuhr es einer Marktfrau, die sich sofort die Hand vor den Mund schlug. Ein Verkäufer stieß sie an und zischte: „Seine Durchlaucht, Fürst Pückler!"

„Der tolle Pückler? Wer ist das?", fragte ich ahnungslos in die Runde.

„Der verrückte Fürst, der ganz in der Nähe auf Schloss Branitz sitzt", tuschelte die Marktfrau in meine Richtung, ohne den Blick von der majestätischen Gestalt zu wenden. „Er hat die ganze Welt bereist, bestieg die ägyptischen Pyramiden, schwebte in einem Ballon über Berlin, erkundete die Tiefen der Themse mit einer Taucherglocke. Mindestens zehnmal hat er sich schon mit Pistole und Säbel duelliert – oft ging es dabei um Frauen, denn Pückler ..."

„Jetzt ist aber Schluss!", tadelte ein Korbverkäufer gereizt.

Die Marktfrau aber war in Fahrt und dachte gar nicht daran, einfach auf den Höhepunkt ihrer Erzählung zu verzichten. „... denn Pückler hat eine Schwäche für Frauen. Von seiner Ehefrau Lucie, genannt ‚Schnucke', ließ er sich mit ihrem Einverständnis scheiden, um sich nach einer noch reicheren Frau umzusehen, die seine Verrücktheiten finanziert. Vielleicht ist das ja in Adelskreisen so üblich. Doch eines Tages passierte etwas ganz Unvorstellbares ..."

„Ruhe!", fauchte eine andere Händlerin. „Er kommt näher!"

„Er brachte ein junges schwarzes Mädchen mit", fuhr die Marktfrau etwas leiser fort, „das er auf einem Sklavenmarkt in Afrika gekauft hatte, und hielt es als seine Geliebte. Leider starb das Mädchen bald ..."

Jetzt aber verstummte die Marktfrau, denn Pückler war in Hörweite. Die Männer rissen sich ihre Mützen vom Kopf, die Frauen knicksten. Ein echter Fürst also! Ich stand wie versteinert und starrte auf den Mann, der mir geradewegs entgegen schritt. So stellte ich mir einen König aus dem Orient vor. Er trug einen feuerroten Filzkegel auf dem Kopf, gelbe Pluderhosen und eine hellblaue Jacke mit grünen Bandschnüren. Seine Füße steckten in zierlichen Samtpantoffeln. Alle schwiegen ehrfurchtsvoll.

„Möchtet Ihr vielleicht von unserem Sauerkraut kosten?“, ertönte plötzlich eine Stimme. Moment mal ... hatte ICH das etwa gesagt? Peinlich berührt blickte ich zu Boden. Doch der Fürst hatte mich schon bemerkt, zwirbelte seinen schwarzen Schnurrbart und musterte mich von oben bis unten.

„Sauerkraut? In meiner fürstlichen Küche? Mein Gaumen ist ganz andere Genüsse gewöhnt als dieses ... Bauerngemüse!“

„Aber unseres ist ganz besonders köstlich! Probiert selbst, Durchlaucht!“ Da hielt ich ihm auch schon den Krautbottich unter die Nase. Offenbar konnte der Fürst nicht widerstehen, denn bald verschwand ein ordentlicher Bissen Kohl in seinem Mund. „Delikat!“, schmatzte er und rollte verzückt die Augen. „Dieses Sauerkraut wird nächste Woche meine Festtafel krönen!“

Pückler trat an unseren Stand. „Was bietet ihr sonst noch feil? Hm, gesalzene Heringe ... Dillhäppchen!“ In Windeseile verdrückte er einen Fisch und ein halbes Töpfchen Gurken. „Ein Fisch muss schwimmen!“, verkündete er schließlich und schlürfte das Gurkenwasser noch hinterher.

„Verrätst du mir nicht das Rezept für diese Köstlichkeiten?“, fragte Pückler zwinkernd und klopfte mir auf die Schulter. „Da gibt es doch sicher ein Geheimnis!“

„Ja", zwinkerte ich zurück. „Aber dieses Geheimnis gebe ich nicht preis. Meine Mutter will ja schließlich Geld verdienen!"
Da begann der Schnurrbart des Fürsten zu zucken. Pückler brach in solches Gelächter aus, dass er sich den Bauch hielt. Bald lachte der ganze Marktplatz.
„Und das Geld werdet ihr verdienen!", rief Pückler. „Ich kaufe euch nämlich alle Waren ab! Außerdem beauftrage ich euch, mir die doppelte Menge dieser Lebensmittel für mein großes Parkfest aufs Schloss zu liefern!"
Damit warf er mir einen Beutel mit Münzen zu, ließ unseren Stand abräumen und verschwand so rasch, wie er aufgetaucht war. Ja, das Geld reichte für einen Baumkuchen ... aber danach war der Beutel noch genauso voll. Wie schön, endlich einen Adligen zu kennen!

2. Septembris 1853
Mit dem Pferdegespann ging es heute zum Fürsten nach Schloss Branitz. Wie hoch und hell das Schloss plötzlich hinter den Bäumen auftauchte! Wer mochte bloß die unzähligen Fenster putzen?
„Du wirst noch mehr staunen, wenn du Pücklers Park siehst", schmunzelte Vater. „Der Fürst hat hier auf Branitz nämlich ein kleines Wunder vollbracht. Er hat die ehemaligen Felder und Wiesen in einen riesigen Park umgestaltet. Er ließ Kanäle anlegen und Bäume auf Hügeln einpflanzen, die künstlich aufgeschüttet wurden. Pückler nennt sich deshalb selbst ‚Erdbändiger', weil er sich die Erde – zumindest seine eigene – ganz nach seinen Vorstellungen geschaffen hat. Er ist schon fast 70 Jahre alt, aber er hat die Tatkraft eines jungen Mannes."

Zuerst half ich Vater, Kraut und Gurken in die Schlossküche zu schleppen. Doch dann siegte die Neugier. Als er sich mit einem Bediensteten unterhielt, stahl ich mich davon und begab mich auf die Suche nach Fürst Pückler. Hatte er nicht etwas von einem Parkfest erzählt, das er bald geben wollte? Vielleicht würde ich ihn ja im Freien finden.

Ich umrundete das Schloss und blickte über den Park. Herrliche Bäume, sanfte Hügel und glitzernde Seen lagen in der Mittagssonne, soweit das Auge reichte. Und da erspähte ich Pückler inmitten eines Gartens mit leuchtenden Blumen und Statuen. Er trug ein grünes Tuch wie ein Nest um den Kopf und ein weites weißes Gewand, das mich an Starkas Nachthemd erinnerte, nur dass es sicher viel teurer war. Allerdings sah er kein bisschen wie ein Greis von fast 70 Jahren aus. Er studierte einen aufgerollten Papierbogen in seinen Händen. Und auf seiner Schulter hockte ein riesiger Vogel mit schillerndem Gefieder. Bestimmt hatte er das Tier von einer seiner Reisen in ferne Länder mitgebracht.

„He, Junge!“, rief der Fürst, als er mich erblickte. „Komm her!“ Das ließ ich mir nicht zweimal sagen.

„Setz dich“, bot er an und wies auf ein Plätzchen zwischen blühenden Blumen. Doch was war das? Ich zuckte zurück. Da lag ein braunes Ungeheuer mit fürchterlichem Maul, streckte alle viere von sich – war aber ansonsten platt wie eine Schilfmatte. „Oh Schreck! Oh Schreck!“, plärrte der Vogel, und Pückler lachte. „Der beißt nicht mehr!“,

schmunzelte er. „Von dem stolzen Löwen ist nur dieses Fell geblieben. Ich habe das Untier auf einer Reise durch Afrika erlegt. Man nannte es den ‚Menschenfresser von Nubien!'"

Mir schauderte. Wie todesmutig er war, dieser tolle Pückler!

„Meine Oase, mein Meisterwerk", sagte er nicht ohne Stolz mit Blick über den riesigen Park. „Wie gefällt dir eigentlich mein neuer Baum?", fragte er dann und zeigte auf eine turmhohe Buche. Neuer Baum? Der musste uralt sein! Doch halt ... war das nicht der Baum, den der Fürst letzte Woche mit viel Getöse durch Cottbus hatte ziehen lassen? Wie konnte das möglich sein?

„Sieh mal", begann er wieder, ohne eine Antwort abzuwarten. Er hielt mir den Papierbogen unter die Nase. Der Plan des Parks! Einige Bereiche darauf waren ganz weiß, also noch nicht angelegt. „Ich möchte ein Elefantenhaus bauen! Welchen Teil des Parks würdest du dafür wählen?"

Träumerisch blickte er in die Ferne. Ich versuchte, mir Elefanten vorzustellen, die durch die Lausitz trampeln. Aber es gelang mir nicht. Offensichtlich hatte der Fürst eine noch viel blühendere Fantasie als ich. Ob sich sein Traum wohl jemals erfüllen wird?

Der Fürst schien wie in eine andere Welt entrückt. Da er mich gar nicht mehr wahrzunehmen schien, machte ich eine Verbeugung und entfernte mich leise, um ihn nicht weiter zu stören. Auf der Heimfahrt überlegte ich, wie ich Mutters Garten so umgestalten könnte, dass er wie der Park des tollen Pückler aussah. Ein bisschen wenigstens.

13.

AUF PÜCKLERS SPUREN IN COTTBUS

„Lilly und ich möchten gern nach Cottbus und den Park des tollen Pückler sehen!“, verkündete Nikolas den Eltern am nächsten Morgen beim Frühstück.

Diese blickten einen Moment sprachlos auf ihre Kinder. Normalerweise mussten sie Lilly und Nikolas bestechen, um auf ihren Reisen einen Park besuchen zu dürfen.

„Okay“, sagte Mama langsam.

„Meint ihr den Park von Schloss Branitz oder den Tierpark?“, fragte Papa. „Die liegen direkt nebeneinander, vielleicht habt ihr da was verwechselt?“

„Den Park von Schloss Branitz“, sagte Lilly.

„Aber in den Tierpark können wir gern danach gehen“, schlug Nikolas vor.

Mama schüttelte nur noch den Kopf. „Geht es euch gut? Ihr wollt wirklich und wahrhaftig einen Park besuchen? Und dann sogar noch das letzte Werk des Gartenfürsten Pückler? Auf nach Cottbus!“ Sie strahlte ihre Familie an.

Sie parkten am Bahnhof Sandower Dreieck und bestiegen die 60 Jahre alte Parkeisenbahn. Die Schmalspurbahn zuckelte gemütlich mit 20 Kilometern pro Stunde durch den Spreeauenpark, vorbei am Tierpark

zum Schloss und Park Branitz. Früher hatte das ganze Gelände zum Besitz des Fürsten gehört. Auf der Strecke gab es einiges zu sehen – der Park war einst Gelände der Bundesgartenschau. Plötzlich stieß Lilly ihren Bruder an. „Schau mal, dort hinten!"

Nikolas folgte ihrem Zeigefinger und bekam große Augen. Elefanten! „Da ist Pücklers Traum vom großen grauen Riesen in der Lausitz offenbar doch noch wahr geworden", flüsterte er Lilly zu.

„Die gehören zum Tierpark", erklärte Mama, die auch auf die grauen Riesen aufmerksam geworden war.

Kurze Zeit später blitzte eine Pyramide zwischen den Bäumen hervor. „Das ist der berühmte Tumulus, unter dem Fürst Pückler und seine Frau Lucie begraben liegen", wusste Mama.

„Ich dachte, von der hat er sich scheiden lassen, um eine reichere Frau zu finden", überlegte Nikolas.

Mama sah ihn verblüfft an. „Woher weißt du denn sowas?“
„Wikipedia“, behauptete Nikolas.
„Dann hast du wohl nicht zu Ende gelesen. Trotz ihrer Scheidung und der vielen anderen Frauen, mit denen sich Pückler getroffen hat, haben er und Lucie sich ihr Leben lang sehr geliebt, auch wenn ich persönlich das ziemlich merkwürdig finde.“ Nachdem sie auch einen kurzen Blick auf die Landpyramide werfen konnten, hielt der Zug an der Endhaltestelle mit Wendeschleife.
Von hier aus waren es nur etwa 15 Minuten Fußweg bis zum Schloss. Der Pfad führte vorbei an den sogenannten Mondbergen mit der Mondsichel auf der Spitze, am Kavalierhaus und am Schwarzen See mit dem Schwanenhaus – einem kleinen Holzhaus im Schweizer Stil, das größentechnisch eher für Enten gedacht war.
Bald lag das schöne weiße Schloss vor ihnen, das sich Lilly und Nikolas zur Überraschung ihrer Eltern auch von innen ansehen wollten. Mama hatte ihnen unterwegs erzählt, dass der Fürst nicht der „tolle Pückler“ genannt wurde, weil ihn die Leute so großartig fanden, sondern weil „toll“ früher ein anderes Wort für „verrückt“ gewesen war. Die Geschwister waren daher ziemlich neugierig, wie dieser ungewöhnliche Adlige wohl gelebt hatte.
Tatsächlich sah die Einrichtung für ein Schloss in Brandenburg ungewöhnlich aus: Der gebildete und weitgereiste Fürst hatte nicht nur eine wunderschöne Bibliothek und ein prächtiges Musikzimmer besessen, sondern einige seiner Räume mit orientalischen Möbeln, ägyptischen Grabgefäßen und Tapeten, die wie kostbare Teppiche wirkten, eingerichtet. Ein Porträt zeigte ein junges Mädchen mit dunkler Haut, das einen Turban trug.

„Das ist Machbuba", erklärte Mama. „Pückler hat sie während seiner Reise zu den ägyptischen Pyramiden auf dem Kairoer Sklavenmarkt gekauft – das war damals erlaubt. Er hat sie jedoch sehr geliebt, auch wenn er viel älter war als sie. Pückler nahm sie mit auf seine Reisen und schließlich auf sein Schloss in Bad Muskau. Als sie kurz darauf an einer schweren Krankheit starb, brach es ihm das Herz. Viele Menschen kamen zu ihrer Beerdigung, denn sie soll nicht nur schön, sondern auch sehr klug und liebenswert gewesen sein. Fürst Pückler war ein richtiger Frauenheld, aber wirklich geliebt hat er nur seine Frau Lucie und Machbuba."

Nachdem sie auch die schicken Wohnräume der Fürstin Lucie besichtigt hatten, warfen sie einen Blick in das benachbarte Besucherzentrum. Hier gab es nicht nur Informationen zur Entstehung des Branitzer Parks, es waren auch viele Landschaftsgemälde eines Malers namens Carl Blechen, den Mama sehr mochte, zu sehen.
Im Marstall, in dem einst die herrschaftlichen Pferde und Kutschen untergebracht waren, folgte die Familie einer interaktiven Jungenfigur namens Oskar, der mit Kutsche und Ballon in die Pückler-Zeit reist, auf der „Suche nach dem versteinerten Prinzen". Oskars Mutter hatte ihrem Sohn erzählt, dass sich dieser Prinz aus dem Orient in einer unterirdischen Grotte im Branitzer Park befinden soll. Diese Geschichte war der Ausgangspunkt für eine interaktive Ausstellung mit vielen Hörstationen.
Auf Oskars Suche nach dem geheimnisvollen Prinzen erfuhren Lilly und Nikolas weitere Geschichten über den „verrückten Fürsten". Sie

warfen einen Blick in die Schlossküche, die Eisgrotte – den fürstlichen Kühlschrank unter der Erde –, und das herrschaftliche Speisezimmer. In der Parkschmiede, die mit ihren Türmchen ein bisschen wie eine kleine Kirche aussah, trafen sie Oskar und den Kutscher Johann wieder. Hörspiel- und Filmszenen erzählten, wie Oskar zurück in seine Zeit reisen wollte, doch das Rad der Kutsche brach. Dem Schmied kam das gerade recht, denn er brauchte einen Lehrling. Kurzerhand musste Oskar mit anpacken und in der Hitze des Schmiedeofens schwer schuften. Vor 150 Jahren war es harte Arbeit, ein Kutschenrad zu reparieren!

Für einen großen Rundgang durch den Park blieb keine Zeit mehr, denn um 14.30 Uhr fand im Tierpark etwas ganz Besonderes statt, das sie auf keinen Fall verpassen wollten: die Elefantenfütterung.

Sie waren spät dran, aber glücklicherweise befand sich das Elefantengehege nicht weit

vom Eingang entfernt. Etwas außer Atem kamen sie gerade rechtzeitig, um sich jeweils einen Apfel aus dem großen Eimer der Tierpfleger zu nehmen. Denn Elefantenfütterung bedeutete im Tierpark Cottbus nicht, dass sie dabei nur zusehen konnten, nein, die Besucher selbst durften die majestätischen Tiere mit Karotten und Äpfeln füttern.

Lilly strahlte wie ein Weihnachtsbaum, und Nikolas konnte vor Aufregung kaum stillstehen, als sie an die Reihe kamen. Vorsichtig griff ein Elefant Lillys Apfel mit dem Rüssel, ein anderer Nikolas'. Papa knipste sich die Finger wund. Dann waren er und Mama dran.

„Das war einfach ... unglaublich!", hauchte Mama, als sie später vom Elefantengehege aus weiter zu den Tapiren und Raubtieren gingen. Lilly und Nikolas hörten Mamas Stimme an, dass sie ganz gerührt war. Und auch sie hatten das Gefühl, gerade etwas Einmaliges erlebt zu haben.

Da konnten die Fütterungen der Raubkatzen, Pinguine, Kattas und Zwergotter, bei denen sie ebenfalls dabei sein durften, natürlich nicht mehr mithalten. Schön waren sie aber trotzdem – wie der ganze Tierpark. 1.200 Bewohner aus 170 Arten lebten in großzügigen natürlichen Gehegen mit Bäumen und Wasserläufen. Lilly und Nikolas freuten sich auch über die Spielplätze und den großen Streichelzoo.

Weil sie zwischendurch nur ein Eis gegessen hatten, hatten alle mächtigen Hunger, als sie zum Ausgang kamen.

„Lasst uns im Stadtzentrum irgendwo essen gehen", schlug Papa vor. Gesagt, getan. In der hübschen Altstadt gab es viele nette Lokale, die am Ostermontag jedoch auch sehr gut besucht waren. In der „Kartoffelkiste" fanden sie einen freien Platz und leckeres Essen. Und vor dem Schlafengehen blieb noch genug Zeit zum Lesen.

14.

WASCHTAG

6. Septembris 1853

Heute war große Wäsche angesagt. Dass bei uns Waschtag ist, lässt sich immer an Mutters schlechter Laune erkennen. Sie hasst diese schwere, langwierige Arbeit, obwohl Starka ihr hilft, so gut es ihre alten Knochen vermögen. „Stell dir vor, du hättest nicht nur ein einziges Kind, sondern zwölf Kinder wie die Frau des Korbflechters – dann müsstest du nicht nur einen Haufen, sondern ein wahres Gebirge von Wäsche waschen!", gab Starka ihr zu bedenken. Aber dieser Gedanke tröstete Mutter kein bisschen.

Und das kann ich gut verstehen. Denn schon dieser Haufen stinkt ganz furchtbar! Da ich nicht immer nur Vater in der Mühle helfen, sondern auch einmal Mutter beim Waschen unterstützen wollte, öffnete ich gestern die große Truhe mit der Schmutzwäsche der letzten Wochen. Ein gewaltiger Fehler! Die Ansammlung von Leintüchern mit schwarzen Fußenden, speckigen Kopfkissen, benutzten Taschentüchern und unserer Leibwäsche verströmte einen Geruch, dass mir ganz schwindlig wurde. Wenn ich doch bloß mehr Leibwäsche besäße! Dann könnte ich sie öfter wechseln, nicht nur am Sonnabend. Und dann würde dieser Haufen ein bisschen weniger stinken.

Leider hat ein Waschtag auch den Nachteil, dass es kein ordentliches Mittagessen gibt, weil das Waschen so viel Zeit in Anspruch nimmt.

Heute kochte Mutter nur schnell eine fade Brennsuppe. Mir knurrte nach dem Essen noch so der Magen, dass ich mir unbemerkt eine Pflaumenmusstulle schmierte. Denn ich als Mann durfte in Gegenwart der zwei hart arbeitenden Frauen schließlich nicht vor Hunger ohnmächtig werden.

Die Schmutzwäsche hatte Starka über Nacht schon in Wasser eingeweicht, das wir direkt aus dem Fließ vor unserem Haus geschöpft hatten. Regenwasser macht die Wäsche zart; wenn man noch etwas Soda beifügt, lassen sich die Flecken leichter lösen. Nach dem Einweichen kam heute der Hauptwaschgang an die Reihe. Dabei verwenden Mutter und Starka ein Mittel, das ich ein bisschen seltsam finde: nämlich Asche, die sie zwischen die nassen Wäschestücke im Bottich streuen. „Asche löst Fett und Schweiß“, versuchte Starka mir zu erklären, aber ich zuckte ungläubig mit den Schultern. Ich wusste schließlich, dass man sich mit Asche ganz schön schmutzig machen kann. Nach der Ernte war ich nämlich mal in die Asche des Kartoffelfeuers gefallen und hatte mir davon einen pechschwarzen Hosenboden geholt. „Mit Asche kann man natürlich nur dann waschen, wenn man vorher die Kohlenstückchen herausnimmt. Die Kohle war der Teil der Asche, die dir deinen Hintern schmutzig gemacht hat“, lachte Starka.

Nun erhitzte Mutter Wasser in einem riesigen Kessel über dem Küchenfeuer, ergriff einen Holzschöpfer und überschüttete die Wäsche im Bottich immer wieder mit dem brühend heißen Wasser. Da der Bottich ein Loch hat, das sich mit einem Zapfen verschließen lässt, konnte das Wasser abgelassen werden und wanderte von Neuem in den Kessel, wo es wieder aufgekocht wurde. Insgesamt zwölfmal überbrühte Mutter die Wäsche. „Damit die Läuse sterben", verdeutlichte Starka. „Die armen Läuse! Gott sei ihrer Seele gnädig!", erwiderte ich erschrocken. Da musste Mutter lachen, die schwitzend im schwülen Dampf stand, der unsere Küche in einen seltsam fremden Raum verwandelte. So ähnlich stellte ich mir die Hölle vor, die uns der Herr Pfarrer manchmal in der Predigt schildert.

„Jetzt aber nichts wie raus hier", stöhnte Mutter und wischte sich mit dem Handrücken über die schweißnasse Stirn. Allmählich hellte sich ihre Laune auf, denn nach dem anstrengenden Auskochen der Wäsche war für sie der schlimmste Teil des Tages überstanden. Starka fischte die Wäsche mit einem langen Holzstiel aus der Brühe und legte sie in einen Zuber, Mutter klemmte sich das Waschbrett unter den Arm und angelte ein Stück Kernseife vom Küchenbord. Dann gingen sie hinaus in den Garten, wo sie den Zuber auf ein kleines Tischchen stellten. Mutter blickte in den strahlenden Mittagshimmel und stellte fachmännisch fest: „Das Wetter wird halten. Gut für uns!" Dann befüllte sie den Zuber mit frischem Wasser, stellte das Waschbrett hinein und begann, die Wäsche über die Rillen des Brettes zu reiben. Besonders hartnäckigen Flecken rückte sie mit einer Bürste und Kernseife zu Leibe. „Neumodisches Zeug", urteilte Starka und warf einen abschätzigen Blick auf das Waschbrett. Sie selbst begab sich hinunter zum Mühlenfließ, wo sie die Wäsche nach alter Art direkt im fließenden Wasser der Sprjewja wusch. Sie schwenkte die Leinenstücke im Fluss, breitete sie dann über einen großen Stein und schlug mit einem flachen Klopfholz darauf. „Nur so löst sich der Schmutz wirklich aus den Fasern", erklärte sie.

Fertig gereinigte Stücke mussten noch ausgewrungen werden. Unglaublich, wie bleischwer ein Laken ist, wenn es sich mit Wasser vollgesogen hat! Die langen Laken wrangen Mutter und Starka gemeinsam aus. Jede drehte ihr Ende in die andere Richtung, sodass sich ein ganzer Sturzbach aufs Gras ergoss.

„Willst du auch einmal probieren, die Wäsche mit dem Klopfholz zu bearbeiten?", bot Starka mir an. Aber selbstverständlich wollte ich! Ich hieb also wie wild drauflos. „Bitte lass den Stein am Leben", bat Mutter schmunzelnd.

Beim fünften Schlag holte ich so aus, dass ich vornüberfiel, das Ufer hinabrutschte und im Schlamm liegenblieb. „Ich glaube, DU brauchst einen Waschtag!", lachte Starka mich aus. Schmachbedeckt schlich ich zurück zu Mutter, die schon die Wäsche ausgeschwemmt

hatte und sie an Leinenstricken zum Trocknen aufhängte. Röcke, Hemden, Kissenbezüge und Hosen wiegten sich im leichten Wind. Die Weißwäsche lag zum Bleichen auf dem Gras ausgebreitet. Immer wieder musste Mutter sie nun mit einer Gießkanne besprengen, damit die Sonne die Vergilbung aus den Geweben saugen konnte.

„Marsch in die Küche!", kommandierte Mutter, als sie mich Dreckspatz daherkommen sah. Bald stand der Wäschezuber in der Küche, der nun zum Badezuber wurde. Und statt Schürzen schrubbte Mutter nun mich mit Kernseife und viel heißem Wasser aus dem Kessel. Wie schlimm, dass ich meiner Mutter an diesem schweren Tag noch zusätzlich Arbeit machte. Wie wunderbar wäre es, wenn es einen Zauberzuber gäbe, der ganz von selbst die Wäsche waschen könnte! Und Kinder gleich mit dazu!

Morgen wird Mutter die Bettwäsche zusammenlegen und über der Tischkante zurechtziehen. Den Rest erledigt das Bügeleisen mit der glühenden Kohle. Spätestens dann wird sich zeigen, ob die mit Asche gekochte Wäsche tatsächlich sauber ist!

15.

ZEITREISE IM MUSEUMSDORF LEHDE

„Ich hab ein Ei, ein kunterbuntes Ei ...“, trällerte Lilly am nächsten Morgen und öffnete das nächste Ausflugs-Überraschungsei der Großeltern. „Wir fahren ins ‚Freilandmuseum Lehde‘. Aha.“ Lilly sah etwas ratlos aus und auch Nikolas zuckte die Schultern, während Papa schon die Strecke von seinem Handy heraussuchen ließ.

„Wir müssen nach Lübbenau“, erklärte er im Auto. „Das Dorf Lehde liegt auf vielen kleinen Inseln am Rand der Lübbenauer Altstadt. Auf dem Museumsgelände ist aus vier echten Bauerngehöften aus der Region ein typisches Spreewalddorf aus dem Jahr 1840 errichtet worden. Das Freilandmuseum ist sozusagen ein ‚Dorf im Dorf‘. Im eigentlichen Dorf wohnen rund 150 Menschen“, erzählte er.

Er parkte das Auto, und Lilly und Nikolas sahen sich neugierig um. Statt Straßen gab es Fußgängerbrücken von Insel zu Insel – und natürlich das Wasser. Post, Feuerwehr und Müllabfuhr kamen mit dem Kahn. Es war, als wären sie in Juros Zeit gereist. Über eine Brücke erreichten sie auch das Museum und kamen direkt auf dem ersten der vier Höfe an. Die

reetgedeckten Gebäude waren aus schweren, dunklen Holzbohlen gebaut und originalgetreu eingerichtet worden. Durch die Sprossenfenster mit den weißen Fensterläden fiel nur wenig Licht ins Innere. „So richtig groß waren die Häuser damals aber nicht“, stellte Nikolas fest. Mit einem Blick hatte er die wenigen einfachen Möbel erfasst.

„Das stimmt, damals hat sich die ganze Familie – inklusive Großeltern – ein einziges Zimmer und sogar ein Bett geteilt. Seht euch das an!“, sagte Mama.

„Das war bestimmt kuschelig, vor allem im Winter“, überlegte Lilly und betrachtete nachdenklich das große Familienbett für drei Generationen. Nikolas dagegen war gerade sehr froh über sein eigenes Zimmer, das zu Hause auf ihn wartete.

In den Nebengebäuden befanden sich alte Landwirtschaftsgeräte, ein Webstuhl und die alte Dorffeuerwehr – ein zweirädriger Handwagen mit Wasserschlauch. An weiteren Stationen erfuhren die Besucher, wie Körbe geflochten, Kähne und Häuser gebaut und Seile gedreht wurden. Im ehemaligen Stall legte sich die Familie ins Heu und lauschte der Sage vom Schlangenkönig. Dann versuchten sich die Geschwister im Kühemelken – das Kunststofftier war zum Glück sehr geduldig ...

„Vorsicht!“, rief Lilly erschrocken, als Nikolas kurz darauf mit Stelzen auf sie zu wankte.

„Das ist gar nicht so einfach“, keuchte er und wackelte so stark, dass er herunterspringen musste.

„Lass mich auch mal!“, bat ihn seine Schwester. Gnädig

überließ Nikolas ihr die langen Hölzer und sah sich nach einem weiteren alten Spielzeug um, das zum Ausprobieren bereitlag.
Am allerbesten gefielen ihnen die Waschzuber, in denen Lilly und Nikolas mit Waschbrett, Bürste und Kernseife weiße Laken schrubbten, die sie anschließend auf die Wäscheleine hängten – so, wie Juro es in seinem Tagebuch beschrieben hatte. Natürlich spritzte es dabei ordentlich. Glücklicherweise schien die Sonne heute sehr warm, sodass die Kinder schnell wieder trockneten und im Haus nebenan die wendischen Festtagstrachten mit ausladendem Kopfschmuck bewundern konnten. „Das erinnert mich ein bisschen an den Hut der Stiefmutter in ‚Drei Haselnüsse für Aschenbrödel'", sagte Lilly.
„Stimmt", meinte Nikolas nach kurzem Überlegen.
Auf dem nächsten Hof gab es dann den passenden Taubenschlag. In Holzpantinen stolzierten Lilly und Nikolas durch die Gebäude, besuchten die Blaudruck-Werkstatt, die Schwarze Küche und die kleine Ausstellung zu sorbischen Ostereiern, in der sie noch einmal ganz besonders kunstvolle Exemplare bewundern konnten.
Auf der Obstwiese stand ein riesiges Gurkenfass, in das sich die Familie hineinsetzte, um zu erfahren, wie die berühmten Spreewälder Gurken und der beliebte Meerrettich hergestellt wurden. Wie der Böttcher die dafür benötigten Holzfässer und Eimer gebaut hatte, konnten Lilly und Nikolas sogar ausprobieren. Dabei fiel ihnen auf, dass sie ganz schön hungrig waren. Zum Glück befand sich am Ausgang neben dem Museumsladen auch das Gasthaus „Oppott", in dem sie Plinsen bestellten – sorbische Eierkuchen mit Zucker, Zimt und Apfelmus.

16.

EIN OPFER FÜR DEN NIX – UND EIN BESONDERER INDOOR-SPIELPLATZ

Am nächsten Morgen regnete es. Lilly und Nikolas wussten, dass ihre Eltern es bei diesem Wetter nicht eilig haben würden aufzustehen. Also hatten sie noch etwas Zeit, in Ruhe zu lesen.

10. Septembris 1853
Leider habe ich fast nie Zeit zum Spielen, weil ich nach der Schule jeden Tag in der Mühle oder der Landwirtschaft mithelfen muss. Im Sommer, wenn die Tage länger sind, kann ich öfter ins Dorf fahren, um mich mit den anderen Kindern zu treffen. Im Winter dagegen sitze ich schon früh am Abend mit Starka in der beheizten Stube auf der Ofenbank, wo ich ihr etwas vorlese oder eine Holzfigur schnitze.
Als ich heute Nachmittag allein auf dem Hof war, habe ich die Gelegenheit zum Spielen beim Schopfe gepackt. Der ausgediente Fassreifen, der an der Stallwand lehnte, übte plötzlich eine eigenartige Macht auf mich aus. Er schien mir zuzuflüstern: „Spiel mit mir, Jurko! Spiel mit mir!“
Ich ergriff also den Reifen und trieb ihn mit einem Stöckchen über den Hof. Es ist wirklich eine hohe Kunst, den Reifen ohne Unterbrechungen über den unebenen Boden zu bewegen! Leider verriet mich das Gegacker der Hühner, die ich bei dem wilden Treiben aufscheuchte.

Plötzlich stand Vater hinter mir. Ich hatte ihn nicht kommen gehört und dachte, er würde mir jetzt eine Standpauke halten, weil ich spielte statt zu arbeiten. Doch Vater sagte lächelnd: „Juro, ich habe ein noch viel besseres Spielzeug für dich.“ Dann zog er etwas hinter seinem Rücken hervor. „Schau mal, was sich plötzlich in der Reuse befand, als ich heute Fische fing.“

Es war ein kleines Rösslein aus Holz mit gedrechseltem Körper, einem Schweif aus Haar und dunkelrotem Sattel! Das Pferdchen stand auf einem Holzbrett mit Rollen, sodass man es an einem Strick hinter sich herziehen konnte. Nur seine ursprünglich weiße Farbe hatte sich durch das Flusswasser etwas verdunkelt. Dennoch hatte ich noch nie etwas so Schönes gesehen.
„Wie kommt dieses Spielzeug in die Sprjewja?“, rätselte ich.
Vater zuckte mit den Schultern und antwortete geheimnisvoll: „Das weiß nur der Wassermann, der Nix. Er hat es schließlich wieder ausgespuckt.“

11. Septembris 1853
Heute nach dem Kirchgang konnte ich mich endlich mit den anderen Kindern im Dorf zum Spielen treffen. Am hellblauen Himmel strahlte die Sonne. Leider musste ich nach dem Gottesdienst erst zum Umziehen nach Hause fahren. Um mein feines Sonntagsgewand zu schonen, muss

ich es vor dem Herumtollen immer gegen mein übliches grobes Hemd und die abgewetzen knielangen Hosen eintauschen. Auch meine Schuhe muss ich ablegen, denn ich besitze nur ein einziges Paar. Mutter meint, dass sie zu schade seien, um sie zu beschmutzen. Herbstzeit ist noch Barfußzeit; erst im Winter darf ich die Schuhe wieder regelmäßig tragen. Allerdings vergaß ich nicht, mein neues Rösslein mit ins Dorf zu nehmen – die anderen Kinder sollten es schließlich ausgiebig bewundern!

Wir hatten vereinbart, uns beim Gehöft von Bauer Nowak zu treffen, der uns sonntags gern auf der Wiese hinter dem Haus duldet. Als ich den Kahn in die Hafenbucht lenkte, sah ich meine Freunde schon fröhlich ins Spiel vertieft. Ich sprang aus dem Boot, versteckte mein Pferdchen hinter einem Strauch und schlich an der Hauswand entlang, um unbemerkt einen Blick auf die Wiese zu werfen.

Zwei der Mädchen, Madlena und Dana, saßen am Rand der Wiese und flochten Halsketten und Kränze aus Hagebutten und Gänseblümchen. Sie trugen leuchtend gelbe Blumenohrringe, die sie herstellten, indem sie den klebrigen Saft von Löwenzahn auf Hahnenfußblüten tupften und diese dann gegen die Ohrläppchen drückten.

Die anderen fünf Mädchen standen im Kreis und warfen sich gegenseitig einen Ball zu. Wer ihn beim ersten Mal nicht fing, war „verliebt“, beim zweiten Mal „verlobt“ und schließlich „verheiratet“. Wer ihn auch dann noch fallen ließ, hatte ein Kind. Die siebenjährige Borbora brachte es einmal auf ganze 25 Kinder!

Die Mädchen sahen bezaubernd aus, weil sie ihre hübschen Sonntagskleider mit den Schürzen auch zum Spielen anbehalten durften. Die Welt ist wirklich ungerecht! Aber irgendwie stimmt es ja: Bei den Jungen ging es wirklich schmutziger zu. Mein bester Freund Kuba versuchte, Hof und Wiese mit Stelzen zu durchqueren, wobei er mehrmals in den Dreck fiel; Handrij und Beno hatten eine rissige Holzlatte über den Hackklotz von Bauer Nowak gelegt und wippten. Die restlichen fünf spielten „Bubak“. Jurij hatte ein Tuch um die Augen gebunden und musste versuchen, die anderen zu greifen, die möglichst nah an ihm vorbeirannten und ihn neckten, indem sie riefen: „Bubak, bubak!“ – „Gespenst, Gespenst!“

Jetzt hielt ich es nicht mehr in meinem Versteck aus und stürmte auf die Wiese. Juchzend sauste ich ganz eng an Jurij heran, ließ mich aber nie erwischen – und wurde Sieger! Deshalb durfte ich das nächste Spiel bestimmen. Ich wählte „Wer hat Angst vorm Schwarzen Mann?", weil alle dabei immer so vor Schreck kreischen, als fürchteten sie wirklich um ihr Leben. Als „Schwarzer Mann" stellte ich mich auf die eine Hälfte der Wiese, während sich die übrigen Jungen auf das andere Ende zurückzogen. Dann schrie ich: „Wer hat Angst vorm Schwarzen Mann?" Daraufhin versuchten alle, pfeilschnell an mir vorbeizujagen und die rettende Scheunenwand zu erreichen, bevor ich sie fangen konnte. Das ging so lange, bis nur ein Einziger übrig war, der dann die Rolle des „Schwarzen Mannes" übernahm.

Danach war meine Zeit gekommen. Ich holte mein Pferdchen aus dem Versteck und führte es dem staunenden Publikum unter vielen „Ooohs!" und „Aaahs!" vor. Die Tatsache, dass es beim Nachziehen über den holprigen Boden ab und zu umkippte, änderte nichts an der grenzenlosen Bewunderung. Vor Stolz bekam ich ganz heiße Wangen.

Irgendwann fiel jemandem auf, dass Hana fehlte, ein Mädchen vom anderen Ende des Dorfes. Bestimmt hatte sie über ihrer Handarbeit ganz das Spielen vergessen! Gemeinsam beschlossen wir, sie zu besuchen. Wir bildeten eine lange Schlange, indem alle ihre Hände auf die Schultern des vorderen Kindes legten. Dann liefen wir los. Immer wieder mussten wir kichern und prusten, weil Hanso, der den Kopf der Schlange bildete, mal davonpreschte und uns dann wieder im Schneckentempo marschieren ließ. Jedenfalls war es ein Heidenspaß, auf diese Weise über die vielen kleinen Brücken und Stege zu Hana zu gelangen.

Dort angekommen, bot uns Hana an, auf dem Hof ihrer Eltern weiterzuspielen. Bald bemerkte ich einige größere Steine, die am Rand des Grundstücks aufgehäuft waren. Diese legten wir nun so hin, dass ein Kreis entstand, der einen Brunnen nachbildete. Und in diesem Brunnen saß – der gefährliche Nix

in Person von Frido. Wir Jungen verhöhnten den Wassergeist, indem wir ihm Spottsprüche zuriefen, während Nix Frido versuchte, uns aus dem Brunnen heraus an den Beinen zu packen. Die Mädchen blieben abseits, da sie sich nicht wohl dabei fühlten, das unheimliche Wesen herauszufordern; schon gar nicht, wo es doch schon dunkel wurde.

Als ich einige Zeit später wieder in der Hafenbucht von Bauer Nowak stand, um den Nachhauseweg anzutreten, war die Sonne fast untergegangen. Schwarz glitzerte der Fluss vor mir. Vom Wasser stieg eine eisige Kälte herauf, die schon an den Winter erinnerte. Frierend drückte ich mein Holzpferdchen an mich. Bald würde die Sprjewja mit Eis überzogen sein, auf dem sich herrlich Schlittschuh laufen ließ. Ich würde die vom Dorfschmied hergestellten Eisen an meine Schuhe schnallen und damit zur Schule sausen. Starka, die den langen Weg zur Kirche nicht mehr zu Fuß bewältigen konnte, würde ich im Stoßschlitten schieben, dessen Sitzbank ich zuvor mit warmen Decken ausgelegt hätte, damit der kleine kastenförmige Wagen ...

Ein lautes Platschen riss mich aus meinen Träumereien. Oh Schreck, mein Rollpferdchen war mir aus der Hand geglitten und in das rabenschwarze Wasser gefallen! Verzweifelt versuchte ich, es mit dem Rudel auf dem Grund des Flusses zu ertasten – aber vergeblich! Die Sprjewja hatte mein Spielzeug verschluckt.

Wollte der Nix seine Gabe wieder zurückholen, weil ich ihn beim Spielen so verhöhnt hatte?

15. Septembris 1853

Als ich heute geknickt an den Mittagstisch schlich, stand da statt einer Schüssel – ein Pferdchen auf Rollen, doch nun viel weißer und prächtiger als zuvor! Ich rieb mir die Augen, weil ich dachte, ich sei vom vielen Weinen um den Verlust meines Spielzeugs schon verrückt geworden.

Da ertönte die Stimme meines Vaters hinter mir. „Drei Tage bist du nun mit hängendem Kopf durch die Gegend gelaufen. Das konnte ich mir nicht länger ansehen. Ich bin deshalb nach Lübbenau gefahren und habe dir von dem Geld, das dir der tolle Pückler geschenkt hat, ein neues Rösslein gekauft.“ Dann fügte er zwinkernd hinzu: „Auf dieses Spielzeug hat auch der Nix keinen Anspruch. Also bin ich sicher, dass es sich nicht nach dem Wasser sehnen wird wie das erste, oder?“

Ehrfurchtsvoll strich ich mit den Fingern über das Wunderwerk aus Holz. Nein, dieses Rösslein wird ganz sicher niemals in die Nähe des Wassers galoppieren!

„Stell dir das mal vor, nur ein einziges Spielzeug zu haben!“, rief Nikolas, nachdem sie das Buch beiseite gelegt hatten.

„Na ja, viel Zeit zum Spielen hatten die Kinder ja damals nicht, und Spaß kann man auch ohne viele Spielsachen haben, das haben wir doch im Freilandmuseum gemerkt“, überlegte Lilly. „Hauptsache, man hat jemanden zum Spielen, und das hatte Juro.“

„Da hast du auch wieder recht.“

Bei einem an diesem Tag sehr späten Frühstück wählte Lilly eines der Überraschungs-Eier von Oma und Opa aus. „Wenn es eine Aktivität für draußen ist, müssen wir das aber auf morgen verschieben“, sagte Mama mit Blick aus dem Fenster. „Das hat sich so richtig schön eingeregnet.“

Aber Lilly hatte das richtige Ei erwischt: „Wir fahren zum Haberland-Indoorspielplatz Luckau“, verkündete sie.

Später im Auto waren beide Kinder ungewöhnlich still. Sie dachten an Juro, der nur ein einziges Spielzeug besaß und ohnehin kaum Zeit zum Spielen hatte, weil er arbeiten musste, wenn er nicht in der Schule war. So etwas wie Ferien kannte Juro nicht, höchstens mal einen Feiertag. Lilly und Nikolas waren sehr froh, dass sie es heute besser hatten.

Den Besuch auf dem Indoorspielplatz genossen sie darum in vollen Zügen. Das „Haberland" war mit allen erdenklichen Kletter- und Tobemöglichkeiten ausgestattet. Mama und Papa machten es sich in den bequem aussehenden Sesseln mit den ausliegenden Zeitschriften gemütlich. Es gab sogar Kaffeespezialitäten, wie Papa erfreut feststellte. Mit den weißen Holzbalken an der Decke wirkte die Halle zudem außergewöhnlich schön und gemütlich. Mama war ganz begeistert von dem alten Gebäude. Eine der freundlichen Mitarbeiterinnen verriet ihr, dass es sich um den Speisesaal eines ehemaligen Gefängnisses handelte.

Als sie den Indoor-Spielplatz schließlich verließen, tröpfelte es nur noch wenig. Darum konnte Mama den Rest der Familie überreden, noch einen kleinen Spaziergang durch die hübsche Altstadt von Luckau zu machen. Lilly und Nikolas hüpften in Gummistiefeln und voller Regenmontur durch die Pfützen, Mama und Papa kuschelten sich unter dem großen Regenschirm aneinander.

Als sie zum Ferienhaus zurückkehrten, schob Papa schnell vier Tiefkühl-Pizzen in den Ofen und machte einen Salat, während die Kinder und Mama den Schrank im Wohnzimmer inspizierten und drei Gesellschaftsspiele aussuchten.

Es wurde ein langer, lustiger Abend. Vor dem Einschlafen flüsterte Lilly Nikolas zu: „Was wäre das für ein Leben ohne Spiele – und Ferien?!"

17.

LECKEREIEN AUS DEM SPREEWALD

Auch am nächsten Morgen waren Lilly und Nikolas vor ihren Eltern wach und konnten noch ein wenig in Juros Tagebuch schmökern.

22. Decembris 1853
Nur noch zwei Tage bis Weihnachten – aber mir war heute überhaupt nicht feierlich zumute. Vorletzte Nacht hat es Hochwasser gegeben, und die Sprjewja verwandelte sich durch den Frost in einen riesigen glitzernden See aus Eis. Wie gern wollte ich mit den anderen Jungen Schlittschuh laufen! Es ist so herrlich, sich mit dem stachelbesetzten Eschenstab bei der wilden Fahrt so abzustoßen, dass einem die Luft in den Ohren rauscht! Aber stattdessen war ich dazu verdonnert, daheim zu bleiben. Denn ich Pechvogel muss morgen in der Schule bei Lehrer Deutschländer einen Vortrag über die Landwirtschaft im Spreewald halten.
Ich dachte mir, dass ich mit dieser lästigen Aufgabe wohl am schnellsten fertig würde, wenn ich Starka einfach erzählen ließe und dabei Notizen auf meiner Schiefertafel machte. Und so war es auch.
„Wie soll ich bloß meinen Vortrag beginnen?“, fragte ich scheinheilig.
„Du musst damit beginnen, dass die Dörfer hier im Spreewald kleinen Inseln aus Sand gleichen, die von Fließen und Kanälen umgeben sind.

Oft gelangt man deshalb nur mit dem Kahn auf die Wiesen und Äcker", begann Starka. Sie saß in der Stube beim schwachen Licht eines Kienspans über einen Strickstrumpf gebeugt.

„Und genau aus diesem Grund müssen wir nicht nur Spaten, Sense, Harke und die großen Tragekörbe auf dem Wasser transportieren, sondern sogar die Ochsen dahin staken. Auch das Heu bringen wir so zu den Ställen, im Winter natürlich mit dem Schlitten. Und du weißt ja, welche Heuberge manchmal durch die Gegend fahren", schmunzelte Starka.

„Manchmal denkt man wirklich, dass niemand im Kahn sitzt", nahm ich den Faden auf. „Besonders, wenn es zum Markt nach Lübbenau geht, wo die Bauern ihr Gemüse verkaufen. Sie laden die Kähne dann oft randvoll, sodass sie ganz tief im Wasser liegen und von vorn beinahe

unsichtbar sind." Ich musste daran denken, dass auch ich schon einmal fast mit einem schwimmenden Kartoffelberg zusammengestoßen wäre.
„Stimmt." Starka nickte. „Bauer Wojt hat es neulich schwer getroffen. Sein Kahn sank mit 30 Zentnern Schälgurken schon auf halber Strecke." Sie seufzte. „Aber ich kann gut verstehen, dass es die Bauern nach Lübbenau zieht – wo sonst findet man einen so großen und berühmten Gemüsemarkt? Die Erzeugnisse aus dem Spreewald gehen bis ins feine Berlin – und sogar an die Seeküste und nach Böhmen! In Lübbenau werden Kürbisse, Meerrettich, Sellerie, Zwiebeln, Knoblauch, Mohrrüben, Kartoffeln und natürlich Gurken in bester Qualität feilgeboten." Stolz schwang in ihrer Stimme mit.
„Ich weiß", bekräftigte ich. „Aber das geht alles nur, wenn das Wetter mitspielt. Denn bei Hochwasser, in Trockenzeiten oder bei Frühjahrsfrösten müssen die Bauern um ihre Saat oder die Ernte bangen", führte ich weiter aus und schrieb mit.
„Und vergiss den Hagel nicht, der häufig das Getreide zerstört – dann sind Gerste, Weizen, Roggen, Hirse und Hafer so niedergedrückt, dass sie nicht mehr geerntet werden können."
„Wir haben ja auch den Flachs vergessen! Und der bekommt das beste Plätzchen auf dem Acker, weil er so nützlich ist", sprudelte ich heraus. Ich war jetzt richtig in Fahrt, verspürte aber zugleich ein bisschen Hunger, weil ich an mein Lieblingsgericht denken musste: Kulka – Kartoffeln – mit Quark und Leinöl. Denn Leinöl wird ja aus den Samen des blau blühenden Flachses gewonnen. Und die Frauen benötigen Flachs natürlich auch zum Spinnen und Weben. Wie schön ist es immer, wenn ich mich in die Spinnstube schleiche, wo die Mädchen des Dorfes

abends gemeinsam Garn spinnen. Es geht da nämlich sehr lustig zu, man singt und erzählt einander schaurige Geschichten.

„Du musst bei deinem Vortrag unbedingt auch die Bäume erwähnen", erinnerte mich Starka.

„Die Bäume? Warum?"

„Überlege doch einmal, was wir alles aus ihnen herstellen." Starka musterte mich tadelnd. „Denk an die Weiden, die auf dem sumpfigen, feuchten Boden des Spreewalds hervorragend gedeihen. Aus ihren biegsamen Ruten werden Körbe hergestellt, große für Kartoffeln und kleinere, etwas eckigere für Gemüse und Obst. Und die Weidenkätzchen, die den Bienen im Frühjahr die erste Nahrung bieten, sorgen schließlich dafür, dass du Naschkatze ab und zu Honig auf die Stulle bekommst."

Da hatte Starka natürlich recht. Während ich noch notierte, fuhr sie schon fort: „Aus Eiche fertigen die Böttcher Fässer und Bottiche zum Aufbewahren und Haltbarmachen unserer Gurken. Erle und Pappel dienen den Pantoffelmachern dazu, Holzpantinen herzustellen, wie du sie trägst, wenn du in den Stall oder Garten gehst.“

Den letzten Satz schrieb ich nur widerwillig nieder. Mir sind meine klobigen Holzschuhe zuwider – besonders, seit ich die feinen Samtpantoffeln des tollen Pückler gesehen habe.

„Ohne Holz könnten wir keine Kähne bauen, also nichts transportieren und uns nicht fortbewegen. Nicht einmal Häuser hätten wir ohne Holz.“

„Vielen Dank, das dürfte reichen!“, rief ich aus, setzte einen Punkt auf die Schiefertafel und wollte schon nach draußen stürmen, um den Rest des kostbaren Tageslichts für eine Rutschpartie zu nutzen.

„Was machst du da? Wir sind noch nicht ganz fertig!“, empörte sich Starka und hielt mich am Arm fest. „Du hast die Kräuter vergessen, die wir hier in den Gärten ziehen und auf den Wiesen sammeln. Mit Kräutern würzen wir unsere Lebensmittel – denke etwa an Senfsamen und Dill beim Einlegen von Gurken. Oder an Majoran, das auch Wurstkraut heißt, weil es bei der Wurstherstellung hinzugefügt wird, um den Geschmack zu verbessern. Aber Kräuter können noch viel mehr! Für jede Krankheit, die einen Menschen befallen kann, gibt es ein Kraut, das ihn heilt oder wenigstens stärkt.“

Ich erinnerte mich, dass Starka kürzlich einen Sud aus den Blättern des Spitzwegerichs zubereitet hatte, als mich eine schwere Erkältung plagte – und er hat geholfen! Starka war einst von ihrer Mutter in die Heilkraft der Kräuter eingeweiht worden. Sie wusste, wann sie gepflückt, wie sie getrocknet und zu Arznei weiterverarbeitet wurden. Leider interessierte sich ihre eigene Tochter, also meine Mutter, überhaupt nicht für dieses uralte Wissen. Das stimmte Starka oft traurig. „Die Erde ist gütig und hat für alles eine Lösung", sagte sie immer, „und sie hält große Schätze für die Menschen bereit." Starka zeigte mir einige Büschel ihrer selbst getrockneten Kräuter. Einige erkannte ich – zum Beispiel Thymian, der bei Heiserkeit hilft, Sennesblätter, die Verstopfung lindern, und natürlich Minze, die gegen Magenschmerzen eingesetzt wird.

Aber den Großteil der Kräuter konnte ich nicht mit Namen nennen – und auch Starka konnte es nicht, oder besser gesagt: nicht auf Deutsch. Denn ihre Muttersprache ist das Wendische, das überhaupt keine Ähnlichkeit mit dem Deutschen besitzt. Auf Wendisch weiß Starka wirklich alles: die Namen jedes Fisches und Fischfanggerätes, die Bezeichnungen aller Fluss- und Sumpfblumen sowie sämtlicher Krankheiten. Auf Deutsch kennt sie viele dieser Wörter nicht oder muss erst lange nachdenken.

Wir Kinder dürfen in der Schule aber nur Deutsch sprechen; Herr Deutschländer verbietet uns streng, auch nur ein einziges wendisches Wort im Unterricht zu verwenden. Wenn es doch passiert, bekommt der Schuldige fünf schmerzhafte Schläge mit dem Rohrstock auf die Fingerspitzen.

„Wenn du deinen Vortrag hältst, musst du eben die wendischen Namen der Kräuter nennen", meinte Starka schulterzuckend.

„Das darf ich doch nicht. Ich würde riesigen Ärger bekommen", stammelte ich. „Herr Deutschländer meint, die deutsche Sprache sei die bessere, weil sie die Sprache der Obrigkeit, der Gesetze und Ämter ist."

„Unsinn. Wir Wenden siedelten lange vor den Deutschen hier im Spreewald“, entgegnete Starka selbstbewusst. „Unsere Kultur, die ein slawischer Volksstamm hierher gebracht hat, ist auf diesem Boden die ältere. Also haben wir auch das Recht, unsere Kultur zu leben und unsere Sprache zu sprechen. Und das solltest du auch tun, Jurko. Lass dich nicht von einem deutschen Lehrer einschüchtern. Sei stolz auf unsere Traditionen. Schließlich hält der Herr Pfarrer die Predigt auf Wendisch – und alle Sprachen, die in einer Kirche verwendet werden, sind gute Sprachen. Und du, unterhalte dich viel öfter wendisch mit mir, ja? Du machst viel zu viele Fehler.“

Starka stand auf, schlurfte in die Küche und kam mit einem Schälchen zurück, dessen Inhalt verführerisch duftete. Starka hatte schon Mohnpielen gemacht! Der Geruch der in Milch getränkten Brotwürfel, vermischt mit Mandeln und Mohn, verrät mir immer, dass Weihnachten nahe ist. Selig schnupperte ich an der Süßspeise und leckte mir die Lippen – doch die unbarmherzige Starka zog mir das Schälchen unter der Nase weg.

„Nichts da! Das ist für deinen Lehrer gedacht. Ich bin fest davon überzeugt, dass die Wenden sehr schnell in seiner Achtung steigen werden, wenn er diese Mohnpielen isst!“

Das glaube ich auch – denn Starka ist nicht nur die beste Geschichtenerzählerin und Heilkundige, sondern auch eine hervorragende Köchin. Die Zeit mit ihr vergeht meist wie im Fluge. So wie heute. Denn als ich wieder aus dem Fenster sah, war es draußen schon stockdunkel – und leider zu spät für ein Wintervergnügen in der verzauberten Eislandschaft!

18.

GEISTESBLITZ IN DER SLAWENBURG

„Es ist bestimmt auch im Winter schön hier“, sagte Lilly am Frühstückstisch.

„Oh ja“, sagte Mama verträumt. „Wenn man bei einer winterlichen Kahnfahrt in warme Wolldecken eingemummelt Glühwein oder heißen Tee trinkt. Oder wenn die Fließe zugefroren sind und man darauf unendlich weit Schlittschuh laufen kann ... Wobei ich ja im Moment ganz froh über den Frühling bin. All die Blumen und das Vogelgezwitscher ... Ist eigentlich schon Spargelzeit? Im Sommer kann man hier übrigens in vielen tollen Seen baden gehen, im Briesener See oder im Schwielochsee ...“

„Du hast aber manchmal auch Gedankensprünge“, grinste Nikolas.

„Mhmm, Spargel“, machte nun Papa. „Ich glaube, es gibt schon welchen. Wird nicht in Vetschau welcher angebaut? Das ist nur eine halbe Stunde von hier entfernt.“

„Vielleicht sollten wir erst mal das nächste Ei von Oma und Opa öffnen“, schlug Lilly vor. „Viel Zeit haben wir ja nicht mehr.“

„Na gut.“

Nikolas öffnete das Ei und fand darin Eintrittskarten für die Slawenburg Raddusch. „Na, das klingt doch mal spannend!“, fand er.

„Und vor allem liegt es direkt neben Vetschau!“, freute sich Papa. „Schatz, der Spargel ist gesichert!“

Die Burg sah ganz anders aus, als Nikolas sie sich vorgestellt hatte. Inmitten von Wiesen und Feldern war am Rand des idyllischen Spreewalddorfes Raddusch nach historischen Plänen eine Slawenburg wiedererrichtet worden, wie es sie vor 1.000 Jahren an dieser Stelle und an vielen anderen Orten in der Niederlausitz gegeben hatte. Obwohl die Mauern durch ihre Bauweise extrem stabil waren, hatte das Holz der Zeit nicht standgehalten. Deshalb war keine der Burgen erhalten geblieben. Rund 40 Überreste solcher Burgen waren in der Region gefunden worden, wusste Papa.
Zu sehen war zunächst ein Ringwall aus Baumstämmen und Holzbalken, gekrönt von einer Art Zaun. Ein Wassergraben umgab den Wall, der nur eine Fläche von 1.000 Quadratmetern umschloss – so groß wie ihr Garten zu Hause.

„100 Jahre lang wurde die Burg, die hier einst stand, von den Wenden als Fluchtburg in Kriegszeiten genutzt“, erzählte Papa, während sie vom Parkplatz zum Eingang liefen. „Bis zu 250 Menschen haben sich hier im Kriegsfall in Sicherheit gebracht. Jede Familie aus der Umgebung hatte innerhalb der Mauer einen Speicher, in dem sie ihr Getreide sicher lagern konnte. Doch irgendwann wurde die Region von sächsischen Eroberern eingenommen. Die hatten einfach die besseren Waffen. Die Archäologen haben kaum Kampfspuren gefunden, die Burg wurde also freiwillig übergeben. Die Nachfahren der Menschen, die damals hier das Land bestellten, leben heute noch in der Region. Noch vor 100 Jahren wohnten in vielen Dörfern fast ausschließlich Wenden. Heute dagegen kämpfen sie darum, dass ihre Jahrhunderte alte Kultur und ihre Sprache nicht für immer verloren gehen.“

Lilly und Nikolas dachten kurz darüber nach. Schon Juros Großmutter hatte befürchtet, dass die alten Bräuche verloren gehen würden. Aber zum Glück gab es heute Kinder wie Jan, seine Cousinen und Beno, die die niedersorbische Sprache lernten und die alten Sagen kannten. Und vielleicht trug ja auch Juros Tagebuch dazu bei, dass das Wissen über die alte Lebensweise erhalten blieb. In diesem Moment stutzte Lilly. Jan und seine Mutter hießen mit Nachnamen Kubasch, genau wie Juro! War Jan etwa sein Nachfahre? Sie musste unbedingt mit Nikolas darüber sprechen.

Aber in diesem Moment hatten sie den Eingang zur Burg erreicht. Sie durchquerten das Tor. Der kleine Burghof war bis auf einen Brunnen leer. Nur ein hölzerner Steg führte in die von außen massiv wirkende Burgmauer aus Holz, Erde, Sand und Lehm hinein. Hier war eine spannende und sehr moderne Ausstellung zur Geschichte der Region untergebracht. Die Funde stammten jedoch nicht alle vom Burggelände, sondern vor allem aus den Tagebau-Gruben der Region. Es gab Pfeilspitzen der Rentierjäger aus der Steinzeit sowie Waffen, Schmuck und gut erhaltene Keramik aus Gräbern der Bronze- und Eisenzeit, in der die Germanen hier lebten. Diverse Küchenutensilien, Glas und sogar Spielzeuge sind von den slawischen Siedlern aus dem Mittelalter erhalten geblieben. Lilly und Nikolas entdeckten eine Holzente, Tonmurmeln und kleine Figuren.

Unter den Überresten einer Schusterwerkstatt fanden die Archäologen nicht nur Lederschuhe mit dünner Sohle, sondern auch Holzschuhe mit hohen Absätzen, mit denen der Träger durch den Müll auf den Straßen der Städte laufen konnte. Modelle verdeutlichten das Leben in früheren Zeiten.

Mama und Papa spendierten beiden Kindern das Ausstellungsbegleitheft „Ran ans Werk“, das über fünf sogenannte „Handwerkerkisten“ durch die Ausstellung führte. In jeder der Kisten konnten die Kinder etwas selbst ausprobieren. Anschließend holten sie sich an jeder Station einen Stempel zum Sammeln. Lilly und Nikolas fanden nicht nur heraus, wofür verschiedene hölzerne Gerätschaften in der Burg genutzt wurden, sie setzten auch Tonscherben zusammen, versuchten sich im Spinnen und Weben und untersuchten bunte Glasperlen, mit denen sich die Germanen und Slawen schmückten. Es gab unglaublich viel zu sehen – dabei hatte der Ringwall von außen gar nicht so groß gewirkt.

Zum Schluss stiegen sie über eine Treppe auf die Burgmauer hinauf und besuchten den Holzspielplatz neben der Burg.

Auf der zwölfminütigen Fahrt zum Spreewaldbauern Ricken in Vetschau, wo Mama und Papa den ersten Spargel des Jahres genießen wollten, sagte Nikolas: „Das war richtig cool. Nur schade, dass man nicht auch sehen konnte, wie die Leute vor 1.000 Jahren hier gewohnt haben, wenn sie nicht Zuflucht in der Burg gesucht haben."

„Das kann man sich im Museumsdorf Dissen ansehen", meldete sich Mama vom Vordersitz. „Zum dortigen Heimatmuseum gehört der Freilichtkomplex ‚Stary Lud' – das bedeutet ‚Altes Volk'. Experten haben dort eine kleine Siedlung typischer Grubenhäuser aus dieser Zeit rekonstruiert, und man kann bei Aktionstagen verschiedenen Handwerkern über die Schulter schauen. Leider ist das momentan noch geschlossen. Aber vielleicht können wir zum großen Mittelalterfest Ende Mai hinfahren. Dissen ist auch als Storchendorf bekannt. Bis zu zwölf Paare haben dort jedes Jahr ihre Nester. Ende Mai sind dann auch schon die Küken geschlüpft. Die kann man sich über eine Kamera vom Museum ansehen."

„Cool", sagte Nikolas. „Lasst uns dort hinfahren."

„Ich will auch!", verkündete Lilly.

Nachdem ihr Spargelhunger gestillt war, wollten die Eltern noch einen Kaffee trinken. Lilly und Nikolas waren pappsatt von den riesigen Schnitzeln und beschlossen, sich ein bisschen im Hofladen umzusehen. Währenddessen erzählte Lilly ihrem Bruder von ihrer Vermutung bezüglich des Tagebuchs. „Mensch, Lilly! Du hast recht! Das scheint mir jetzt kein superhäufiger Name zu sein. Jans Familie muss unbedingt das Tagebuch bekommen, wenn wir es ausgelesen haben. Aber wie sollen wir sie finden? Wir wissen nicht mal, wo sie wohnen ..."

Lilly überlegte einen Moment, dann fiel ihr etwas ein. „Das stimmt, aber wir wissen, auf welche Schule Jan geht. Vielleicht können wir dort eine Nachricht für ihn hinterlassen."

„Du bist ein Genie, kleine Schwester!", verkündete Nikolas beeindruckt.

Lilly grinste. „Suchst du die Telefonnummer der Schule im Internet heraus und rufst dort nächste Woche an?"

„Aber natürlich, Sherlock."

„Danke, Watson."

19.

ALTES VOLK

23. Decembris 1853

Mein Vortrag in der Schule lief hervorragend, obwohl ich vor Aufregung zuerst einen Kloß im Hals hatte. Ich erzählte über die Landwirtschaft im Spreewald wie ein Schauspieler, der sein Lieblingstheaterstück aufführt. Das ging lange gut ... doch kurz vor dem Ende – ich war bei den Kräutern angelangt und ließ meine Mitschüler an einigen wohlriechenden Proben schnuppern – rutschte mir doch noch ein wendisches Wort heraus! Die Klasse verstummte vor Schreck.

„Juro", sagte Herr Deutschländer drohend, „du weißt doch sehr gut, was passiert, wenn einer von euch hier die Sprache der Wenden spricht!"

„Ja, ich weiß", antwortete ich schuldbewusst. Der Lehrer angelte schon nach dem Rohrstock, um mich zu schlagen. Statt ihm aber die Finger entgegenzustrecken, griff ich in meine Jackentasche, zog ein kleines, verschlossenes Gefäß hervor und reichte es Herrn Deutschländer.

„Mit besten Grüßen von meiner Großmutter. Besonders süße Mohnpielen zum Weihnachtsfest."

Herr Deutschländer zog die Augenbrauen wie Dreschflegel hoch. Seine Miene erstarrte. Doch plötzlich fiel die Strenge in seinem Gesicht zusammen wie ein schlecht gebauter Heuschober bei Sturm. Er strahlte über beide Backen, lüftete den Deckel des Gefäßes und sog den betörenden Duft ein.

„Juro", sprach er feierlich. „Das war ein ganz hervorragender Bericht über die Landwirtschaft im Spreewald. Fahre weiter so fort." Glückselig ließ ich mich wieder in meiner Bank nieder, während die anderen klatschten. Liebe Starka, du hast mich wieder einmal gerettet!

Nach der Schule war ich noch immer berauscht vom Lob des Herrn Lehrers. Ich war der Größte! In Windeseile schnallte ich mir meine Schlittschuhe mit den zu riesigen Schnecken aufgebogenen Schienen an und sauste los. Die Sprjewja glich einer Straße aus Eis, die in der hellen Sonne wie ein silberner Reif glänzte. Und wer mir nicht alles auf Schlittschuhen entgegenkam! Ein Postbote, drei Handwerker, eine Großmutter mit zwei Säuglingen im Stoßschlitten und schließlich eine komplette Trauergesellschaft mit Sarg.

Heute fuhr ich nicht direkt nach Hause, sondern bewegte mich weit von meiner üblichen Strecke fort. Die Geschwindigkeit auf den Eisenkufen ist eben ein so unglaubliches Gefühl! Manche Wege, für die man mit dem Kahn vier Stunden braucht, lassen sich auf Schlittschuhen in nur einer einzigen Stunde zurücklegen. Deshalb beschloss ich, heute eine kleine Fahrt durch die Winterlandschaft zu unternehmen.

Doch irgendwann gelangte ich in einen Flussabschnitt, bei dem ich zweifelte, ob die Eisdecke mich weiterhin tragen würde. Mit meiner Eschenstange stocherte ich in die Oberfläche, um die Eisstärke zu prüfen. Nein, an dieser Stelle konnte ich nicht mehr weiterfahren!
Ich bewegte mich zum Ufer und zog die Schlittschuhe aus, um ein Stück am Fluss entlang zurückzugehen. Ich wollte schließlich nicht ins Wasser einbrechen und sterben. Als ich festen Boden unter den Füßen spürte, blickte ich mich um.
Diese Gegend kannte ich nicht. Vor mir lag freies Feld, bedeckt mit blendend weißem Schnee. Und in der Mitte des Feldes erhob sich eine gewaltige kreisförmige Anhöhe aus Erde, die mit Bäumen bewachsen war und den Wallresten einer uralten Burg ähnelte.
So etwas hatte ich noch nie gesehen! Sofort kam mir eine Geschichte in den Sinn, die Starka mir schon oft erzählt hatte: die Sage vom Wendenkönig, der in unserer Sprache „Kral" heißt. Dieser machtvolle

König kämpfte viele Jahre lang tapfer gegen die deutschen Eindringlinge, die unser slawisches Volk unterjochen wollten. Stets entkam er seinen Feinden, indem er die Hufeisen seines Pferdes verkehrt herum aufschlagen ließ, sodass es aussah, als reite er genau in die entgegengesetzte Richtung. Und er soll ein mächtiges Schloss errichtet haben, in dessen Umfeld sich geheimnisvolle Dinge zutrugen. Ob es sich bei dem Erdwall vor mir um das Schloss des Kral handelte?
Ich näherte mich und erklomm die Anhöhe. Zwischen den Bäumen war es schon ziemlich dunkel, und ich fühlte mich ganz vom Zauber einer alten Zeit umfangen. Ob sich hier noch die Seelen unserer slawischen Vorfahren aufhielten? Die Seelen des „alten Volkes"?
Aus den Augenwinkeln bemerkte ich zu meinen Füßen etwas leuchtend Rotes auf dunkelbraunen Untergrund. Da packte mich die Neugier. Ob hier nun der Wendenkönig sein Reich besitzt oder nicht – ich wollte etwas über diesen Ort herausfinden. Wozu hatte ich eigentlich meinen Eisstechel mit der Stahlspitze und dem Widerhaken bei mir? Ich begann, den gefrorenen Erdboden vor mir zu bearbeiten. Ich wollte ihm den leuchtend roten Schatz entlocken! Hatte Starka nicht erst gestern gesagt, dass die Erde große Schätze für die Menschen bereithält?
Bald hatte ich eine kleine erdbeerfarbene Kugel aus dem Boden gekratzt, etwa so groß wie eine Tonmurmel, aber offenbar aus Glas. Als ich sie vom Dreck befreit hatte, erkannte ich, dass sie in der Mitte durchbohrt war – also konnte man sie auf eine Schnur fädeln und als Halsschmuck tragen! Wie mag wohl die Frau ausgesehen haben, die sich mit dieser wunderschönen Glasperle schmückte? Oder diente die

Perle als Grabbeigabe für eine Tote?

Ich lehnte mich gegen einen Baum, ging in die Hocke und betrachtete meinen Fund, der mich in eine andere Welt versetzte. Plötzlich erblickte ich eine kleine Ansiedlung von Häusern, die so weit in die Erde eingelassen waren, dass nur noch das Dach herausschaute. Rauch stieg auf, eine Frau in einem schlichten, grün gefärbten Kleid stand an einem Webrahmen und arbeitete, während ein Säugling neben ihr schlief. Am Holzkohlefeuer in der Mitte der Ansiedlung knieten zwei Männer, die flüssige Bronze in kleine Formen gossen. Sie stellten herrliche Schmuckstücke her! Eine Frau fertigte ein Gefäß auf der Töpferbank, während sie ein Lied in einer sanften Sprache sang, die mir sehr vertraut vorkam. Was für ein friedliches Bild ...

Doch plötzlich ertönte Hufgetrappel. Eine Horde wild aussehender Krieger in Kettenhemden, bewehrt mit Äxten, Speeren und Schwertern, preschte heran, um die Siedlung zu plündern. Die erschrockenen Dorfbewohner ließen alles stehen und liegen und rannten los. Nichts wie weg – zur mächtigen Burganlage, die sie mit ihrem starken Wall aus Eichenbalken vor den Angreifern schützen würde! Schon schloss sich das schwere Tor hinter ihnen ...

Ich fuhr aus meinen Gedanken hoch. Oder war es ein Traum gewesen? Hatte ich eine Seelenreise zu meinen Vorfahren gemacht? Fest schloss ich meine Finger um die erdbeerrote Glasperle und erhob mich.

Bald würde es dunkel werden, ich musste den Rückweg antreten. Wie gerne wäre ich noch geblieben! Wer weiß, wie viele geheimnisvolle Dinge aus längst vergangenen Tagen sich noch im Erdreich verbergen? Lehrer Deutschländer hat uns einmal erklärt, dass vor den Slawen schon andere Völker hier lebten, etwa die Germanen – und vor den Germanen wieder andere, die ganz im Dunkel der Geschichte verschwinden. Meine Heimat ist wirklich ein großes Abenteuer. Ganz sicher werde ich später einmal Heimatforscher!

Was für ein Glück, dass ich mit so vielen aufregenden Plänen im Kopf heute Abend noch den Weg nach Hause gefunden habe. Wie freue ich mich nun aufs Weihnachtsfest!

20.

EINE BESONDERE BEGEGNUNG

7. Augusti 1859

Heute habe ich etwas erlebt, das ich unbedingt niederschreiben will, obwohl ich schon lange kein Tagebuch mehr geführt habe. Da der Sonntagsgottesdienst in der Lübbenauer Pfarrkirche für mich immer ein besonderes Ereignis ist – normalerweise besuche ich nur den in unserem Dorf – bin ich heute wieder einmal dorthin gefahren.

Unter dem strahlenden Morgenhimmel strömten über hundert Kähne die verschiedenen Spreearme herab, beladen mit festlich gekleideten Kirchgängern. Vor allem die Trachten der Frauen mit den Seidenbändern und den Kopftüchern stachen aus der Menschenflut hervor. Schließlich verbanden sich die Boote zu einer einzigen Flotte, die am Parkufer des Schlosses anlegte. Dann spazierten die Leute fröhlich plaudernd in einem langen Zug zur Kirche und nahmen dort auf ihren angestammten Bänken Platz.

Als die Musik schon einsetzte, betrat ein fremder Herr das Gotteshaus. Er blickte zunächst staunend um sich und musterte die versammelten Menschen. Neben der Orgel fand er einen Platz und setzte sich. Ich weiß nicht, warum ich während des Gottesdienstes immer wieder zu ihm hinschauen musste. War es sein dunkler Anzug, sein nobler Schnurrbart, seine selbstbewusste Art oder sein aufmerksamer Blick? Schon kurz vor Ende des Gottesdienstes verließ er die Kirche.

Als ich hinausging, sah ich ihn auf dem Platz stehen. Bewundernd betrachtete er die herausströmenden Kirchgänger, als hätte er noch nie etwas so Schönes gesehen. Seine Neugier machte auch mich neugierig. Ich trat auf ihn zu.

„Kann ich Ihnen behilflich sein, mein Herr?“, fragte ich ihn. „Sie scheinen hier fremd zu sein.“

„Wie bitte?“ Er zuckte zusammen, wie aus einem Traum gerissen. Nun erst nahm er mich wahr. „Nein, äh, ja, vielleicht ...“, stammelte er. „Beantworten Sie mir eine Frage, junger Mann“, forderte er mich auf. „Wissen Sie eigentlich, welch große Schätze der Spreewald dem Auge bietet?“ Diese Worte rief er schwärmerisch aus und machte dabei eine ausladende Handbewegung.

Ich wusste nicht genau, was der Herr mir damit sagen wollte. Wahrscheinlich nur, dass es bei uns hier im Spreewald sehr schön ist. Ich nickte höflich.

„Ich habe mich noch gar nicht vorgestellt“, fuhr der feine Herr fort. „Mein Name ist Fontane. Theodor Fontane. Schriftsteller von Beruf. Ich bin mit der Nachtpost aus Berlin angereist, denn ich brauche Inspiration.“

„In...spi...ra... Ich bin mir nicht sicher, ob wir die hier in Lübbenau auf dem Gemüsemarkt verkaufen“, antwortete ich verlegen. In meiner Gesellenzeit habe ich gelernt, mich Fremden und ihren manchmal seltsamen Wünschen gegenüber höflich zu verhalten.

Herr Fontane brach in schallendes Gelächter aus. „Inspiration kann man nicht kaufen, junger Mann!“, prustete er. „Inspiration bedeutet, Ideen für ein künstlerisches Werk zu bekommen.“

„Und nur wegen ein paar Ideen reisen Sie aus Berlin hierher? Das heißt, eigentlich haben Sie hier gar nichts zu tun? Wie seltsam! Ich kenne niemanden, der eine Reise unternimmt, weil er genug freie Zeit hat. Bei uns hier hat niemand freie Zeit. Und Geld für Reisen ebenfalls nicht."

Plötzlich wurde Herr Fontane nachdenklich. „Junger Mann", sagte er langsam. „Ich glaube, schon bald werden Menschen genug Zeit und Geld zum Reisen haben. Und viele Leute von weit her werden entdecken, wie herrlich der Spreewald ist. Leute, die nur zum Vergnügen reisen und diese wunderschöne Gegend zur Erholung nutzen. Allein die Trachten der wendischen Frauen sind eine Reise wert!"

Dann blickte er wieder in die Ferne und rief aus: „Bald werden sich Künstler hier niederlassen, und Maler werden die Schönheit des Spreewalds feiern. Denn die Hauben der Frauen, eure Sprache, eure Blockhäuser, eure Gurken, eure Kähne, das silbern leuchtende Wasser, die vergoldeten Baumkronen über dem verästelten Fluss ... all das ist einzigartig!"

Ich war peinlich berührt. Hatte Herr Fontane nicht vielleicht schon am frühen Morgen ein Gläschen zu viel im Gasthof „Zum braunen Hirsch" getrunken?

Da gesellten sich vier Männer zu uns, von denen ich nur einen kannte: Kantor Klingestein aus Lübbenau. Die anderen drei Männer schienen ebenso wie Herr Fontane aus der Großstadt zu stammen, denn sie waren ganz anders gekleidet als wir Wenden.

„Grüß dich, Juro. Ich sehe, du hast unseren Berliner Dichter schon kennengelernt", wandte sich Kantor Klingestein freundlich an mich. „Bestelle doch deinen Eltern schöne Grüße von mir! Wie läuft es denn bei euch auf der Mühle?"

„Was, ihr habt eine Mühle?", fiel Herr Fontane ein und schüttelte den Kopf. „Mühlen haben keine Zukunft, bald werden wir sie nicht mehr brauchen. Wenn du einen guten Rat hören möchtest: Baue die Mühle deiner Eltern zu einem Gasthof um. Die Reisenden, die bald den Spreewald besuchen werden, benötigen Übernachtungsplätze. Oder wie wäre es mit einem Kunstsalon?"

Ich stand einen Moment lang wie angewurzelt da. Hatte Herr Fontane vielleicht recht? Würden bald ganz andere Zeiten anbrechen? Kantor Klingestein ergriff das Gepäck der kleinen Gruppe und marschierte los, während Herr Fontane, seine drei Reisegefährten und ich ihm durch Stadt und Park hindurch bis zum Hauptspreearm folgten. Dort, unter hohen Buchen, lag ein Kahn, der ganz anders aussah als unsere einfachen und derben Transportkähne. Ein edles Boot, dessen Bug der Kopf einer Schlange zierte, das Zeichen unseres Herrn Grafen.

„Da liegt sie ja, unsere Gondel!", begeisterte sich Herr Fontane. „Im Spreewald fühlt man sich wirklich wie in Klein-Venedig!"

Die „Gondel" war eine Luxus-Ausführung mit rot gepolsterten Bänken und Rückenlehne. Auf dem Boden war ein riesiger Flaschenkorb zu sehen, aus dem buntfarbige versiegelte Weinflaschen hervorlugten. Im Heck des Kahns stand der Bootsführer, das Rudel in der Hand, bereit loszustaken.
Als sich das Boot in Bewegung setzte, winkte mir Herr Fontane zum Abschied. „Merken Sie sich meine Worte, junger Mann! Denken Sie über Ihre Zukunft nach! Alles Gute!"
Mir war seltsam zumute, als das Boot allmählich hinter den Bäumen verschwand. Ja, diese Gruppe reiste nur zum Vergnügen. So etwas habe ich noch nie gesehen. Wie viele solcher Menschen würden noch zu uns kommen? Und werde ich das noch mit eigenen Augen erleben?

Ein wenig traurig schlugen Lilly und Nikolas das Tagebuch zu. Den Eintrag über seine Begegnung mit dem berühmten Dichter hatte Juro auf die letzten Seiten gequetscht, Platz für weitere Einträge gab es nicht mehr. Ob er wohl ein neues Tagesbuch begonnen hatte? Wie gern würden Lilly und Nikolas wissen, wie es mit Juro und seiner Familie weitergegangen war! Aber vielleicht wussten Jans Eltern das ja? Vielleicht waren sie sogar im Besitz weiterer Tagebücher, und nur dieses eine war verloren gegangen? Ob er wohl wirklich die Mühle zu einem Gasthaus umgebaut hatte?

21.

Besuch in den Tropen

Der letzte Urlaubstag war angebrochen. Die meisten Koffer und Taschen hatten die Eltern bereits im Auto verstaut, als Nikolas nach dem Frühstück das letzte Ei öffnete – der Ausflug, den sie vor der Heimreise machen würden.

Als Nikolas den Gutschein studierte, brach er in lautes Jubeln aus. „Wir fahren ins Tropical Islands! Da wollte ich schon immer hin!" Auch Lilly sprang nun freudig auf, und gemeinsam tanzten die Kinder um den Tisch – etwas, wofür Nikolas normalerweise viel zu cool wäre, aber besondere Ereignisse erforderten besondere Maßnahmen.

„Na, was für ein Glück, dass die Badesachen im Kofferraum ganz oben liegen", sagte Papa grinsend.

„Jetzt aber schnell hier noch alles fertig machen", mahnte Mama und verteilte die letzten Aufgaben, die in der Ferienwohnung vor der Abreise noch anfielen. Kurze Zeit später machten sie sich auf den Weg.

Das Badeparadies war gigantisch! „Puh, wo gehen wir denn nur als Erstes hin?", überlegte Mama etwas ratlos. „Ich glaube, wir müssen erst mal alles angucken!", beschloss Nikolas. In Flipflops und Bademänteln spazierten sie an der Lagune vorbei in den Regenwald mit seinen tausenden exotischen Pflanzen und dem Mangrovensumpf. Lilly entdeckte Schildkröten, Nikolas blieb fasziniert vor den Drachenfischen stehen. Es gab auch Flamingos und sogar ein Schmetterlingshaus.

Sie schlenderten am 200 Meter langen Südseestrand entlang bis zu einem riesigen Wasserrutschenturm – Deutschlands höchstem, wie Papa wusste – mit vier unterschiedlichen Rutschen zur Auswahl. Gleich nebenan gab es einen gewaltigen Wasserspielplatz mit weiteren acht tollen Rutschen.

„Was macht der denn da?“ Nikolas zeigte auf einen Mann, der mit einem Seil in der Hand herumlief. Das Seil führte direkt in den Himmel, wie es schien! Sie folgten ihm mit ihren Blicken und entdeckten einen rot-weiß gestreiften Korbballon mit einer Familie an Bord.

„Wie praktisch, da kriegt man bestimmt einen tollen Überblick“, sagte Lilly und klang ein klitzekleines bisschen neidisch. „Schau mal, da drüben ist noch ein blau-weißer! Aber wieso fliegen die in einer Halle? Ist das nicht etwas seltsam?“

„Na ja, früher wurden in dieser Traglufthalle Luftschiffe gebaut, da ist es vielleicht gar nicht so verrückt, wie es zunächst aussieht“, überlegte Mama.

Nikolas schüttelte den Kopf. „Die spinnen, die ‚Tropiker‘. Aber es ist auch echt genial. Wollen wir nächstes Mal nicht gleich den ganzen Urlaub hier verbringen?“

„Wie wäre es, wenn wir uns erst einmal fertig umschauen?", schlug Papa vor. „Ich möchte mir gern den Außenbereich ‚AMAZONIA' ansehen, dazu müssen wir durch den Dschungeltunnel."
Auf der anderen Seite des grünen Tunnels gab es Ablagefächer für ihre Sachen, und dann ging es raus. Sie hüpften ins Wasser und schoben sich nacheinander durch den durchsichtigen Streifenvorhang, der den Außenbereich abtrennte.
„Boah, das geht hier ja gleich richtig los!" Nikolas stürzte sich begeistert die kleine Wasserrutsche hinunter, die in den Strömungskanal führte, Papa folgte ihm sofort. Zum Glück war Lilly auch schon alt genug, sodass sie sich mit Mama ebenfalls in die Fluten stürzen konnte.
Mit leuchtenden Augen trafen sie sich am Ende der 250 Meter langen Wildwasserrutsche wieder, um auch noch das Ganzjahresbecken und den Relaxpool auszuprobieren. Dort ließen Lilly und Nikolas ihre Eltern kurzerhand zurück, um sich auf dem Wasserspielplatz eine Wasserschlacht mit allerlei Spritzgeräten zu liefern. Zum Aufwärmen ging es immer wieder einmal zu den Eltern in den warmen Pool. Aber lange mochten sie nicht stillsitzen, und so tobten sie sich lieber im und mit dem Wasser aus.

Sogar Beachvolleyball und Beachsoccer konnte man auf den großen Grünflächen spielen, aber der Spaß im Wasser stand bei allen ganz oben. Erst zum Mittagessen gingen sie wieder in die Halle. Das Tropendorf, in dem verschiedene Restaurants und Cafés untergebracht waren, sah aus, als wenn es direkt aus Asien hergebracht worden wäre. Lilly und Nikolas schauten sich staunend um. Als Architektin konnte Mama die originalgetreuen Wohnhäuser aus Samoa, Borneo und Thailand zuordnen. Sie war vor allem von einem Pavillon und einem Tempeltor von der Insel Bali beeindruckt.

Nach einer kleinen Verdauungspause im Liegestuhl an der „Südsee" verbrachten sie den Nachmittag an der Lagune, die ihnen mit ihren Felsen, Palmen, der Grotte und dem Wasserfall am besten gefiel. Ein Strömungskanal, zwei unterirdische Wasserrutschen und die Whirlpools sorgten für Abwechslung, das Wasser war mit 32 Grad angenehm warm – außer für Mama, der ein paar Grad mehr noch lieber gewesen wären. Die „Südsee" war ihr mit 28 Grad sowieso viel zu kalt.

„Ich kann es nicht mehr mit ansehen", sagte Papa nach einer Weile. Lilly und Nikolas sahen ihn erschrocken an.

„Was ist denn los?", fragte Lilly.

„Eure arme Mutter friert sich halb zu Tode in dieser tropischen Lagune. Wir werden sie als Eisklotz ins Auto verfrachten müssen!"

„Stimmt. Jetzt, wo du es sagst ...", stimmte Nikolas in Papas Frotzelei mit ein, „ich frage mich bloß, wie wir sie vor dem sicheren Kältetod bewahren können!"

„Wenn ich da vielleicht mal einen Vorschlag machen könnte ... so in eigener Sache quasi", warf Mama ein und musste grinsen, „es scheint für Leute wie mich extra einen Bereich zu geben, in dem man sich aufwärmen kann, vielleicht sollte ich mich dorthin retten?“

Lachend verabschiedete sich Mama in den Saunabereich. Lilly, Nikolas und Papa probierten in der Zwischenzeit etliche Rutschen aus, erkundeten den Tropino Kinderclub und spielten eine Runde Minigolf. Zum Abendessen trafen sich alle wieder im Tropendorf, wo Mama von der wunderschönen Sauna-Landschaft mit den Tempeln, dem Dschungeldorf und den farbig beleuchteten warmen Sprudelbecken schwärmte.

Zum Glück lag das Wochenende noch vor ihnen, bevor die Schule wieder begann, sodass sie bis zum späten Abend bleiben konnten. Auf dem Heimweg dachten Lilly und Nikolas etwas neidisch an die Leute, die im Tropical Islands in einem Zelt am Strand schliefen – oder in einem der Ferienhäuser gleich nebenan. Ob sie wohl Mama und Papa überreden konnten, bei ihrem nächsten Spreewaldbesuch dort zu übernachten? Vielleicht sollten sie diesen Wunsch Oma und Opa verraten, falls die ihnen zu Weihnachten wieder ein paar Überraschungsausflugs-Eier schenken wollten.

Doch zunächst hatten sie eine andere Aufgabe: Gleich am Montag nach dem Unterricht wollte Nikolas am Niedersorbischen Gymnasium in Cottbus anrufen, um Jan ausfindig zu machen. Juros Tagebuch befand sich, sorgfältig in ein sauberes T-Shirt eingeschlagen, in Lillys Rucksack.

22.

DAS WENDISCHE TAGEBUCH

Am nächsten Morgen schliefen Lilly und Nikolas bis 10 Uhr. Als sie sich im Flur begegneten, hörten sie die Waschmaschine rattern und ein leises Tellerklappern aus der Küche. „Hab ich einen Hunger!", verkündete Nikolas. Lilly nickte und folgte ihrem Bruder die Treppe herunter.

Doch in der Küche erwartete die Geschwister nicht nur das Frühstück. Auf dem Tisch lag Juros Tagebuch. Mama hatte in ihrem Auspack-Eifer offenbar auch Lillys Rucksack ausgeräumt. Verdammter Mist!

Die Eltern blickten sie vorwurfsvoll an. „Woher hast du das, Lilly?", wollte Mama wissen.

So erzählten die beiden, wie sie das Tagebuch gefunden hatten, was darin stand und was sie damit vorhatten.

„Ihr und eure Feriengeheimnisse!", stöhnte Papa.

„Ich hätte es wissen müssen", murmelte Mama. „Euer plötzliches Interesse an Fürst Pückler und Schloss Branitz, da stimmte doch was nicht."

Eine Weile schwiegen alle. Dann setzte Mama sich sehr aufrecht hin und sagte ernst: „Die Idee, Jans Familie ausfindig zu machen und zu schauen, ob sie Juros Nachfahren sind, ist gut, aber das Buch gehört der Ferienwohnungsbesitzerin, und wir müssen es zurückgeben. Ich ruf sie nach dem Frühstück an." Und das tat sie auch. Es stellte sich heraus, dass die Dame in Berlin lebte und das Ferienhaus erst vor Kurzem gekauft hatte. Wenn sie nicht mit ihrer Familie dort Urlaub machte, vermietete sie es. Von dem Tagebuch wusste sie nichts, und sie wollte es auch nicht wiederhaben. Sie schlug vor, es dem Heimatmuseum in Straupitz zu spenden, sollte die Familie des Schreibers nicht ausfindig gemacht werden.

Lilly und Nikolas freuten sich riesig, dass sie ihren Plan nun doch in die Tat umsetzen konnten. Gleich am Montag rief Nikolas am Niedersorbischen Gymnasium in Cottbus an und erzählte, warum er auf der Suche nach Jan Kubasch war. Die Sekretärin durfte zwar Jans Adresse und Telefonnummer nicht rausgeben, versprach aber, sich um Nikolas' Anliegen zu kümmern.

Noch am selben Abend klingelte bei Lilly und Nikolas das Telefon. Jan und seine Mama Alena riefen gemeinsam über die Freisprecheinrichtung an und wollten alles über das Tagebuch wissen. Schließlich verabredeten sie, sich Ende Mai beim Mittelalterfest im Museumsdorf Dissen zu treffen. Dort wollten Lilly und Nikolas der Familie das Tagebuch übergeben. Jan und seine Mama würden es lesen und dann an ein Museum weitergeben.

In der Zwischenzeit wollte Alena Ahnenforschung betreiben und herausfinden, ob Juro wirklich ihr Vorfahr war. Sie ging davon aus, da der Name in ihrer Familie beliebt war. Auch ihr Opa hieß so. Er kam aus der Gegend um Straupitz, in der das Ferienhaus stand, war aber aus Liebe zu Alenas Großmutter Richtung Norden nach Schlepzig gezogen. Alena war sehr gespannt auf das Tagebuch – ebenso wie Jan, der neugierig war, was Juro über den Alltag der Wenden vor 170 Jahren erzählt hatte. Zufrieden legten schließlich alle auf.

„Na, ein Glück, dass du so ein Tollpatsch bist und dir den Kopf am Dachbalken gestoßen hast“, sagte Lilly grinsend zu ihrem Bruder. „Juro hätte gewollt, dass seine Nachfahren das Buch bekommen und etwas über sein Leben erfahren.“

In diesem Moment stand Mama, die dem Telefonat nur still zugehört hatte, vom Sofa auf und zog etwas aus dem Regal. Sie drückte jedem Kind ein Buch in die Hand. Auf einem stand „Oma erzählt“, auf dem anderen „Opa erzählt“, und darunter „Erinnerungsalbum“. „Vielleicht wollt ihr die beim nächsten Mal mit zu den Großeltern nehmen und ihre Erinnerungen an eine Kindheit ohne Computer, Handys und Geschirrspülmaschine aufschreiben. Das ist bestimmt interessant für euch – und die ausgefüllten Bücher wären dann ein Schatz, den ihr eines Tages an eure Kinder weitergeben könnt.“

Lilly und Nikolas nickten andächtig. „Das machen wir!“, sagte Lilly dann. „Wann fahren wir zu Oma und Opa?“

– ENDE –

Die Autorinnen

Steffi Bieber-Geske, Jahrgang 1978, schreibt seit ihrem 16. Lebensjahr – zunächst für Tageszeitungen, später für verschiedene Unternehmen und Organisationen. Die Journalistin studierte Publizistik, Psychologie und Neuere Deutsche Literatur – mit dem Schwerpunkt Kinderbücher und Märchen – an der Freien Universität und der Humboldt-Universität Berlin. Heute lebt die Mutter von zwei Söhnen mit ihrer Familie am Stadtrand von Berlin und schreibt erfolgreich Kinderbücher.

Nicole Grom, geboren 1975 in Schweinfurt, studierte Slawistik, Indologie und Europäische Ethnologie in Würzburg und München. 2007 zog sie in ihre Lieblingsstadt Bamberg, wo sie zur jüdischen Geschichte Frankens promovierte. Neben ihrer Tätigkeit als Sprachdozentin und Kulturwissenschaftlerin schreibt sie Sach-, Kinder- und Jugendbücher – am liebsten auf ihrem denkmalgeschützten, von zahlreichen Katzen bewohnten Bauernhof im nördlichen Franken.
www.nicole-grom-autorin.de

Die Illustratorin

Claudia Gabriele Meinicke, geboren 1967 in Mecklenburg, ist promovierte Naturwissenschaftlerin. 2007 fing sie an, sich mit Öl- und Aquarellmalerei zu beschäftigen. Sie belegte zahlreiche Kurse bei namenhaften Künstlern, u. a. auch an der Hochschule für Grafik und Buchkunst in Leipzig. Seit 2015 widmet sie sich nun ganz der Malerei und der Illustration von Kinderbüchern. Sie lebt mit ihrem Mann in Merseburg und hat einen erwachsenen Sohn.
www.LimonArte.de